El Drama de Amelie

Mito Bessalel

Versión Española

Derechos de Author

Mujer Africana con su hijo en el mercado

Tabla de Contenido

Agradecimiento

Sin la ayuda y el estímulo de mi esposa, Barbara, y mi profesora Mary Ann Lechowsicz, no hubiera sido posible escribir el Drama de Amelie.

Mi esposa me ayudó a editar y participar con sus comentarios sobre el desarrollo de la historia. La profesora Mary Ann Lechowsicz me ayudó proponiendo modificaciones a la introducción de los personajes. Su mayor contribución fue para cambiar el carácter débil de Amelie en una mujer fuerte para defender sus derechos como esposa y como madre; y más importante como mujer en una sociedad patriarcal.

También quiero expresar mi agradecimiento a mis amigos africanos que me extendieron su amistad, dándome al final ayuda para crear todos los personajes.

Prologo

Durante mi carrera profesional como ingeniero civil he tenido la oportunidad de viajar extensivamente por países africanos. En esos viajes visité ciudades que fueron devastados por la propagación del SIDA

El drama de Amelie explora la lucha de una mujer joven en una zona de África contaminada con SIDA.

Decidí escribir sobre Amelie, una joven contaminada con SIDA, quien como mujer opresa intentó escaparse de la estructura social de la aldea donde vivía. Sus esfuerzos para sobreponerse a los derechos limitados que tenía en una sociedad patriarcal y como madre, alcanzó su sueño de ofrecer a su hijo un vida nivel de vida mejor que el que ella tuvo.

La Situación

Mama Ayúdame.
Pedro no me toques.

EXTERIOR – AFRICA - NIGERIA - ADO – PLAZA DE LA CIUDAD – DURANTE LA TARDE (PRINCIPIO DE ABRIL DE 1978)

MUSICA DE TAMBORES SE ESCUCHA EN EL FONDO

Dos mujeres de unos cincuenta años de edad vestidas con ropa muy colorida, caminaban lentamente hacia la plaza central del pequeño poblado. Las dos señoras conversaban mientras caminaban. Pedro, un joven de 27 años de edad las seguía de cerca.

SRA. ROSA TOURE
    El jefe organizó esta fiesta para que los jóvenes de la aldea puedan bailar y divertirse. Fue muy amable de su parte.

SRA. SARAH KANDE
    Si, el jefe siempre se interesa por la juventud.
    Mi hijo, Pedro, debería ir al baile y buscar una esposa. Estoy seguro que todas las chicas jóvenes del pueblo estarán en la fiesta.

ROSA
    Los jóvenes también estarán allí.

Rosa se da la vuelta y mira a Pedro y le pregunta:

¿Pedro, has elegido alguna de las chica... hay algunas que son bonitas?

PEDRO

No, no tengo tiempo; tengo muchas cosas que hacer; como ir a trabajar.

SARAH

Sí ya sabemos que tienes muchas cosas que hacer, como ser ir a los bares y beber. A ninguna joven decente le gustaría casarse contigo. Siempre estás borracho y hueles mal; ninguna señorita te aceptará.

ROSA

Sarah, estoy segura que lo que Pedro necesita es una buena esposa.

SARAH

Rosa, desde que mi marido murió, no puedo controlar a mi hijo. Él no me escucha.
Hablando de jovencitas ¿dónde están tus hijas?

ROSA

Ana ya está en la plaza con sus amigas; pero ella es demasiado joven para buscar marido; tiene tiempo y es muy tímida.

SARAH

¿Y Amelie?, ya está en la edad de buscar un marido.

ROSA

Amelie no se siente bien y decidió quedarse en casa. Sarah, mi hija es haragana, no toma nada en serio.

SARAH

Así son los jóvenes de hoy.

PEDRO
    Mamá, ahora voy a hacer mis cosas.

SARAH
    Quédate con nosotras, vamos al baile.

PEDRO
    No mamá, no quiero ir.

Pedro se va caminando en dirección opuesta a la iban las dos señoras.

EXTERIOR - CASA DE AMELIE – PUERTA DE ENTRADA – UNOS MINUTOS MÁS TARDE

Pedro está parado delante de la puerta de entrada de la casa de Amelie. Golpea la puerta, espera unos segundos y llama a Amelie,

PEDRO
　　　　Amelie donde estas ¿Puedo entrar?

Amelie contesta desde adentro de la casa. Pedro entra en la casa a pesar que Amelie se opone.

AMELIE
　　　　Sí, pero ¿qué haces aquí? No entres en la casa.

　　　　No te acerques… estás borracho. Anda a tu casa, no me toque. No Pedro, no hagas eso... ¡MAMÁ AYUDAME!

PEDRO
　　　　Amelie me gustas mucho.

**INTERIOR - CUARTO DE AMELIE – ATARDECER
(JULIO 1980)**

<u>MUSICA DE TAMBORES SE ESCUCHAN EN EL
FONDO</u>

*Amelie, es una mujer de 21 años de edad, está sola en su
habitación bajo una malla mosquitera. Está sentada en el
piso, sobre una estera de paja. La estera se encuentra en el
lado izquierdo de la habitación. La casa está construida con
ladrillos de yute y barro comprimido. La habitación no tiene
ventanas, y la única fuente de luz proviene de una lámpara a
Kerosene. Amelie está vestida con una blusa azul y pollera
de colores vivos.*

*Amelie está hablando en voz baja, aunque no hay nadie en su
cuarto.*

AMELIE

Me casé con Pedro hace dos años. No entiendo por qué
no está aquí conmigo. Es rara la vez que se queda en
casa, después cenar de va y muchas veces ni siguiera
vienes a cenar. No sé dónde va. Mis amigas hacen
comentarios de él. Dicen que tiene una mujer en otro
pueblo. Puede ser cierto porque él no se queda
conmigo durante las noches. Esta mañana, le dije que
quiero verlo esta noche. Lo estoy esperando, pero el
aún no ha llegado.

Cuando era soltera, era una joven muy feliz. Solía ir a
la iglesia todos los domingos. Después de terminar
todas mis tareas, me gustaba cantar y bailar, tenía
amigas. Ahora, ni siquiera tengo ganas de ir al
mercado a vender fruta con mi madre; no tengo

voluntad de ver a mis amigas. No soy feliz y no sé qué hacer.

Pedro entró en la habitación; se acercó a Amelie.

PEDRO
¿Amelie, que es que quieres hablar conmigo?

AMELIE
Quiero que me des una explicación. ¿Por qué no te quedas conmigo? ¿Por qué te vas todas las noches?

PEDRO
¿Qué dices? Tienes que tener cuidado con lo que dices porque no quiero enojarme; además no tengo tiempo para escucharte.

AMELIE
Quiero que estemos juntos como marido y mujer, así es como debe ser nuestro matrimonio. Quiero que me diga si los rumores de que tienes a una mujer en otra aldea son verdaderos. Tu madre me culpa porque no hemos tenido todavía un bebé.

Si no me hubieras violado, nunca me habría casado contigo. Ahora tengo que vivir con un hombre que no amo.

PEDRO
Amelie siempre me estas regañando.

AMELIE
Yo era una chica feliz, pero ahora soy una mujer infeliz. Es posible que te sientas culpable por la violenta manera que me violastes aquella tarde; es por

eso que me propusistes matrimonio. Puede ser que no me ames, pero soy tu esposa y me debes respetar.

PEDRO

¿Cómo te atreves a gritarme y revelarte contra tu marido?

AMELIE

Tengo el derecho de estar enojada contigo por todo lo que haces ¡soy tu esposa!

Pedro comienza a gritar.

PEDRO

No Amelie, no tienes ningún derecho. Tienes que ser una esposa sumisa como son todas las esposas de la aldea. No debes hacerme preguntas y tienes que mantenerte ocupada haciendo los quehaceres de la casa.

¡Despúes de trabajar todo el día en los arrozales, merezco un poco de placer en la noche; más placer que recibo de vos!

Amelie continúa gritando y llorando

AMELIE

¡Nuestro matrimonio debería ser mejor! He cumplido con todos mis deberes como esposa; ¡Ahora espero que cumplas los tuyos! **¡Si tu deberes como esposo!** ¿Entendistes lo que dije o tengo que repetirlo?

Pedro grita otra vez. Su rostro muestra ira.

El Drama de Amelie

PEDRO

Vuelvo a repetir, tienes que cumplir tus deberes como esposa. Yo decido lo que es correcto o lo que no es correcto.

AMELIE

Pedro, cumplo con todos los deberes como esposa, ahora, quiero saber lo que va a ser de nuestro matrimonio. ¿Vas a ser un marido responsable, o seguirás viendo a otras mujeres, visitando clubes nocturnos todas las noches y beber como lo hacías antes de casarnos? ¿Por qué me elegistes a mi si tenías tantas mujeres?

Pedro sigue gritando.

PEDRO

Amelie, has pasado el límite de mi paciencia, y te ordeno que no me molestes más.

Amelie está calma ahora, se levanta y camina hacia Pedro.

AMELIE

Si no te dejo de molestarte ¿qué vas a hacer...me vas abandonar? Recordá que yo estoy ganando dinero vendiendo fruta en el mercado, por lo tanto puedo vivir sin depender de vos. ¿Qué va a pasar si no obedezco, me vas a pegar?

PEDRO

¿Qué estás diciendo? No te atrevas a amenazarme.

Amelie habla casi gritando.

AMELIE

¡Tal vez, me voy a separar!

PEDRO

> Me estas amenazando de nuevo, solo te digo que hagas lo que se espera de vos. No quiero continuar con esta discusión. No me esperes esta noche porque voy a volver tarde.

Pedro camina hacia la puerta; Amelie se acerca a él, toma su brazo y antes que el salga de la habitación le dice,

AMELIE

> ¿Cómo te atreves a irte antes de que encontremos la solución a nuestro problema? Si seguimos así nuestra vida, tanto como nuestro matrimonio será un desastre.

Pedro da media vuelta, mira a Amelie, su rostro muestra signos de intensa ira.

PEDRO

> Amelie esta es una situación que has creado con tu imaginación, por lo tanto vos tendrás que encontrar la solución. Te digo de nuevo; no quiero discutir más este tema desagradable.

Pedro sale de la habitación, Amelie vuelve a su estera, se recuesta y comienza a llorar.

AMELIE

> Quiero irme de este pueblo. Quiero estar en un lugar donde pueda ser independiente y que no tenga que depender de nadie... Siento que estoy en una jaula donde las barras son los límites de mi matrimonio, pero no sé cómo abrir la puerta e irme. No quiero que mi vida acabe como la vida de mi madre; lo único que ha hecho en su vida fue trabajaba y tener bebés. Mi padre fue siempre un extraño para nosotros. Tengo miedo.

El Drama de Amelie

Amelie se permanece en silencio unos minutos. Luego continúa con su monólogo.

AMELIE

Tal vez Victoria, mi amiga de infancia, me pueda ayudar. Ella quería que yo fuera a Lagos a vivir con ella. Se fue del pueblo a otro que está cerca de Ado, y yo me quedé. No supe nada de ella desde que se fue. Hace unos meses su madre, que vive con ella, vio a mi madre en el mercado y le dio su dirección. ¿Debo contactarla? No; tal vez no es una buena idea. Me gustaría saber qué es lo que puedo hacer, pero no tengo con quien hablar.

Después de unos minutos Amelie se quedó dormida.

DOS HORAS MAS TARDE – EN LA HABITACION DE AMELIE Y PEDRO

Pedro entra en la habitación, se acuesta junto a Amelie y dice con una voz suave y dulce.

PEDRO
　　¿Amelie, estás despierta? Te quiero.

Amelie se da la vuelta, lo mira y lo hecha de la cama.

AMELIE
　　¿Cómo te atreves a venir a la cama y decir que me amas?

PEDRO
　　Si Amalie te quiero.

AMELIE
　　No se Pedro; tienes que demostrar que eres un hombre responsable y un buen marido. Hasta ahora, todo lo que has hecho fue lastimarme. Puedes decir que me quieres porque solo quieres hacer el amor. ¿Y qué va a pasar mañana por la noche? Volverás a ir a los bares para emborracharte y buscar mujeres. **¡Sos un mujeriego**!

PEDRO
　　Amelie quiero que todo sea mejor entre nosotros quiero que nuestro matrimonio sea un matrimonio feliz.

AMELIE
　　Como puedes prometerme que me vas amar, si sabes que después vas a ir a buscar otras mujeres. ¡Eres un

17

mujeriego sin cura! Salí de aquí, no quiero que estés cerca de mí.

PEDRO

Amelie, por favor quiero que me ayudes a mejorar. Quiero ser un buen marido. No quiero ser como era mi padre; por favor tienes que comprenderme. Lamento haberme abusado de vos. Sé que fui un cretino, pero quiero cambiar.

Amelie se sienta en la cama.

AMELIE

Yo era una mujer honesta. Nunca besé a otro hombre antes que tú me tocaras. Cómo puedo olvidar ese terrible momento, cuando tú te abusastes de mí, lo tendré presente toda mi vida.

PEDRO

 Ahora sé que eras pura, perdóname, he sido un cretino, pero estoy arrepentido.

AMELIE

Cuando le dije a mi madre sobre tu abuso brutal, ella estaba enojada y quería hablar con tu Mamá y el jefe. Le pedí que no hablara con ellos porque me sentía avergonzada; aunque sabía que no era mi culpa de lo que paso entre nosotros.

PEDRO

Amelie estoy arrepentido, me da mucha pena; perdóname, por favor.

AMELIE

Después de muchas discusiones, mi madre dijo que tenía que casarse con vos, porque ningún otro hombre en nuestra aldea me iba a querer, porque ya no era más una mujer pura. Así son los hombres de aquí. Lo peor de todo es que no puedo volver a mi vida anterior. Pedro no quiero vivir contigo si no cambias.

PEDRO

Amelie siempre me has gustado, pero no sabía cómo eras; de lo contrario, no habría hecho lo que te hice. Te pido tu perdón. Por favor, déjame que me quede contigo.

Amelie permanece en silencio durante un instante; sonríe dulcemente y extiende su mano y le dice,

AMELIE

Ven a la cama. Vamos a hacer que este momento sea un nuevo comienzo de felicidad en nuestras vidas.

Pedro se acuesta en la cama, se acerca, a ella, la acaricia y la abraza. Amelie sonríe

**INTERIOR – CASA DE AMELIE Y PEDRO –
HABITACION - DOS MONTHS MÁS TARDE –
TEMPRANO EN LA MAÑANA.**

*Amelie está acostada en la cama. Rosa entra en la habitación
y camina hacia donde está su hija.*

ROSA
      ¿Mi querida hija, que te pasa, no te sientes bienes?

AMELIE
      No me siento bien, mamá. Cada día que pasa me siento
      peor. No sé qué hacer; tengo dificultades para respirar.

ROSA
      Voy a ir a ver al curandero para que te prepare un té de
      hierbas.

AMELIE
      No mamá, ayer, mi suegra fue a verlo. Preparó un té
      hecho con hierbas; anoche bebí el té, pero no pasó
      nada, todavía me siento mal.

Rosa mira a Amalia y sonríe.

ROSA
      Tal vez estás embarazada.

AMELIE
      Es posible mamá, pero no me siento bien.

*Sarah entra en la habitación; se acerca a Amalia. Rosa se
retira a un rincón de la habitación donde la Sarah no la
pueda ver*

El Drama de Amelie

SARAH

Amelie, es casi el mediodía y todavía no has ido a buscar agua. ¿Por qué estás en la cama? Eres muy haragana. Anda ahora y trae dos baldes llenos con agua, tu esposo necesita agua para bañarse y yo también necesito agua para cocinar. Anda ahora; nunca vi a una mujer más haragana que tú. Que desgracia llego a mi vida y a mi edad.

AMELIE

Mamá Sarah, no me siento bien, no tengo fuerza, incluso para caminar. Me siento muy cansada.

Sarah se acerca a Amelie y le agarra un brazo.

SARAH

Sos irresponsable, no tienes cura.

AMELIE

No mamá Sarah, no sé porque no me siento bien. Trato de cumplir con mis deberes de esposa.

SARAH

¡Eres inútil! Mi pobre hijo no tuvo suerte de tener una esposa como tú Levántate; y anda al aljibe y ¡TRAE AGUA!

Sarah indica la puerta. Amelie se levanta; camina unos pasos en dirección a la puerta y se cae.

AMELIE

Por favor mamá Sarah, no puedo caminar.

SARAH

Si no puedes ir, tu madre tendrá que ir y traer agua del pozo.

El Drama de Amelie

Rosa sale de donde estaba escondida, y camina hacia donde esta Sarah, casi gritando le dice.

ROSA
> ¿Cómo te atreves a hablar de esa manera a mi hija y además quien te crees que sos para decirle a Amelie lo qué yo debo hacer? ¡¿No te vino en tu su mente que ella puede estar embarazada?!

Amelie está llorando y todavía encuentra recostada, su madre se agacha para atenderla.

AMELIE
> Mamá, no sé qué me pasa, me siento mal. Quiero hacer mis quehaceres, es mi responsabilidad, pero no puedo, no tengo fuerza. Mamá favor ayúdame, te necesito.

Amelie cubre su cabeza con sus manos y continúa llorando,

SARAH
> Rose, tu hija es haragana, mi hijo tendría que buscar otra esposa; hoy voy a hablar con él.

Rosa ignora el comentario; ayuda a su hija a sentarse.

ROSA
> Amelie quiero secar tu cara. Estás tan caliente. Creo que tienes fiebre.

Sarah mira a Rosa duramente y le dice,
SARAH
> Rosa, si tu hija no puede ir a buscar agua, entonces tienes que ir tú.

El Drama de Amelie

Rosa mira a Sarah con una expresión de sorpresa y disgusto y le dice.

ROSA

Sarah, estás fuera de línea. Voy a hablar contigo más tarde. No te preocupes, le voy a pedir a mi hija Ana que vaya a buscar agua. Amelie está enferma y quiero quedarme con ella.

SARAH

No me importa quien la trae; sólo quiero agua. Necesito cocinar arroz para Pedro... seré yo quien va a cocinar ya que Amelie no quiere.

Sarah sale de la habitación. Amelie sigue llorando.

ROSA

No te preocupes Amelie; Ana va a ir a buscar agua.

Unos minutos más tarde Pedro entra en la habitación y camina hacia Amelie. En una forman brusca y exigente le dice,

PEDRO

Amelie, mi madre me dijo que no quieres preparar arroz para mí. ¿Qué te pasa?

AMELIE

Pedro quiero prepararlo, pero no puedo. Me duele mucho la cabeza y no tengo fuerza.

Rosa camina hacia Amelie toca su frente para ver si aún tiene fiebre. Amelie toca la mano de su madre.

El Drama de Amelie

ROSA

Pedro, mi querido hijo, no te preocupes yo voy a preparar tu arroz.

PEDRO

Gracias mamá Rose, pero es Amelie quien debe preparar mi arroz.

ROSA

¿Pedro ves cómo está? Amelie no se siente bien. Mañana temprano la voy a llevar a un hospital en Lagos. ¿Puedes venir con nosotras?

PEDRO

No, no puedo ir, tengo cosas más importantes que hacer, como ser; ir a trabajar. Estoy seguro que no es nada serio.

Pedro sale de la habitación.

AMELIE

Mamá, acabo de tomar una decisión. Por favor llama a mi amiga Victoria. Me gustaría verla mientras estamos en Lagos.

ROSA

Sí Amelie, la llamaré; yo también quiero verla; hace mucho tiempo que no la veo.

Rosa sale de la habitación.

Amelie sonríe, unos minutos más tarde se queda dormida.

EXTERIOR - CASA DE SARAH - PORCHE – UNOS MINUTOS MÁS TARDE

Sarah está cantando mientras esta planchado con una plancha de carbón. Rosa entra en la casa; está enojada, y le habla en forma cortante.

ROSA

> Sarah, ¿qué te pasa? ¿Por qué tratas a Amelie como si ella fuera tu esclava? Y dime ¿Por qué me das órdenes a mí? ¡Exijo una explicación!

SARAH

> ¿De qué explicación me estás hablando? No entiendo.

ROSA

> Debes tratar a Amelie con respeto; ella puede no decirte nada porque es amable y tímida; además te respeta.

SARAH

> Rosa tu sabes, que tu hija es haragana; y ella es así porque nunca has sido estricta con ella, y ahora ella no quiere hacerse cargo de sus funciones como esposa. Ella que todos hagan por ella lo que tiene que hacer.

ROSA

> Sarah, Amelie es joven, como éramos nosotras, no me digas que te has olvidado como tú eras.

SARAH

> Amelie piensa solamente en bailar, además, siempre que la veo está con sus amigas; Pedro no eligió una buena esposa Creo que él va a los bares y toma alcohol hasta emborracharse porque no es feliz en su casa; y eso es culpa de Amelie.

25

El Drama de Amelie

ROSA

¿Por qué dices eso, acaso Pedro te dijo algo?

SARAH

No, pero la veo conversando con sus amigas constantemente; no la veo como una esposa seria. No toma nada en serio; tenemos que darle una lección.

Rosa sonríe.

ROSA

Amelie está enferma ahora. Tendrías que ser más amable con ella, recordá que ella puede estar embarazada. Amelie con su hijo podría traernos felicidades, te imaginas un bebe en la familia, cuan maravilloso seria...

SARAH

No estoy hablando de ahora, pero sé que ella no es una buena esposa.

ROSA

Sarah tu sabes muy bien que antes de que se casaran, Pedro era un mujeriego y solía beber hasta que se emborrachaba, no es un buen hijo y ahora no es un buen esposo.

SARAH

Si pero...

ROSA

Le dije a Amelie antes de que se casaran que Pedro no era una persona responsable, pero ¿qué podía hacer? Sabes que el la violó; ella no tuvo otra alternativa que casarse con él.

El Drama de Amelie

SARAH

Tal vez, pero ahora están casados; una mujer fuerte y
madura lo podría cambiar. Amelie no es, ni fuerte ni
madura.

ROSA

Sarah, ¿Qué estás hablando? ¿Recordar cómo tú eras
cuando eras joven? Permíteme refrescar tu memoria.
Nunca tomabas nada en serio, para vos también, todo
era bailar, tu Mamá siempre se estaba quejando.

SARAH

No tuve un compañero fuerte, es difícil para mí hablar
de mi Ignacio, porque está muerto. O era una buena
esposa, pero quizás no era lo suficientemente fuerte
como para cambiarlo. Tu sabes muy bien que él era
haragán y siempre estaba borracho, porque bebía
constantemente' además no cuidaba sus hijos, yo tuve
esa responsabilidad.

ROSA

Me acuerdo, era lo mismo con mi marido. Fue peor
cuando volvió de la guerra en Biafra; nunca se
recuperó de sus heridas.

SARAH

Supongo que es de donde Pedro heredó sus malas
maneras.

ROSA

Yo sé, pero es joven; puede cambiar.

SARAH

Yo todavía tengo la esperanza de que Amelie sea una
esposa más fuerte que lo que yo era.

ROSA

Sarah, por favor no trates de juzgar a Amelie usando como base nuestros propios problemas; se amable con Amelie y ella te responderá con respeto y gentileza. Sarah la tenemos que ayudar para que sea más fuerte que lo que fuimos nosotras.

SARAH

Rosa, quiero que Pedro sea feliz. Quiero que tenga hijos. Me gusta creer que podría ser mejor esposo que lo que fue mi Ignacio. Además quiero que nuestro apellido continúe. Sé que no traté bien a Amelie, pero francamente, mi primera preocupación es Pedro, hasta parece como si estuviera enfermo… Rosa creo que Pedro está pasando por un momento muy difícil. No sé cómo ayudarlo.

ROSA

Por esta razón tenemos que ayudar a nuestros hijos; Especialmente ahora, porque Amelie está enferma. Sarah debemos darle nuestro apoyo para que se cure y los dos sigan adelante con sus vidas y sean felices.

Sarah comienza a llorar; Rosa se acerca y la abraza.

ROSA

Sarah tenemos que unirnos y juntas tenemos que trabajar para ayudarlos; verás cómo todo mejorará

SARAH

Muchas gracias Rose. Sí, tal vez nosotras debemos trabajar juntas; voy a dar mi mejor esfuerzo para tratar que sean felices.

EL Drama

INTERIOR - LAGOS - HOSPITAL - SALA DE ESPERA - AL DÍA SIGUIENTE - TEMPRANO EN LA MAÑANA

Rosa está sola en la sala de espera. Victoria, una mujer de 22 años de edad, muy bien vestida entra en la sala y camina hacia donde está Rosa, ambas se abrazan.

VICTORIA

Buenos días Rosa. Ha pasado tanto tiempo desde la última vez que la vi.

ROSA

Buenos días Victoria; gracias por venir a ver a Amelie. Victoria te ves muy bien.

VICTORIA

¿Qué le pasa a Amelie, espero que no sea nada serio?

ROSA

El Dr. Levin me dijo esta mañana que Amelie tiene un caso leve de neumonía, le dio algunos medicamentos. También dijo que está embarazada. Doctor Levin quiere ver a Pedro.

VICTORIA

¡Me alegro de que Amelie no tenga nada serio! ¡Felicidades abuela! Estoy seguro de que todos van a ser muy felices. ¿Cuándo puedo verla?

ROSA

Tan pronto como la enfermera termine de sacar sangre para hacer un análisis.

VICTORIA

Análisis de sangre, ¿Para qué?

Victoria parece estar distraída; como si estuviera pensando; tenía una expresión triste en su cara.

ROSA

No sé por qué le están haciendo análisis de sangre.

Victoria después que vea a Amelie, voy a volver al pueblo. Quiero que Pedro venga conmigo cuando vuelva al hospital. Después quiero estar con mi hija ¿Victoria, te sientes bien?

VICTORIA

Sí, estoy bien.
Rosa si usted quiere, puedo quedarme con Amelie hasta que usted regrese.

ROSA

Gracias Victoria, agradezco tu amable ofrecimiento.

VICTORIA

Rosa, antes de que usted se vaya, quiero ir a comprar algunas cosas para Amelie. Los hospitales no sirven alimentos o bebidas.

ROSA

Asimismo para los pacientes ¿No les sirven nada?

VICTORIA

Si, asimismo para los pacientes.

ROSA

Amelie dijo que tendría que llamar a Pedro por
teléfono, antes de ir a la villa.

VICTORIA

Probablemente es una buena idea.

ROSA

No Victoria, prefiero ir a Ado y hablar con él en
persona. Por teléfono me puede decir que va a venir y
termina no viniendo. Cuando estoy allí, mejor que no
diga que no quiere venir. Si voy a la villa y por si dice
que no quiere venir, voy a gritar delante de todo el
pueblo. Él tiene que venir; Amelie es su esposa, y ella
lo necesita.

VICTORIA

Rosa, Tiene razón.
Ahora voy al mercado.

ROSA

Gracias Victoria.

*Victoria sale de la habitación. Unos minutos más regresa con
una pequeña bolsa de papel.*

VICTORIA

Compré pollo, arroz y jugo de naranja.
¿Podemos ir a ver Amelie ahora?

ROSA

Sí, la enfermera ya vino y me dijo que podemos ir a
verla, te estaba esperando para que ir juntas.

*Rosa y Victoria salen de la sala de espera y van al pabellón
donde está Amelie.*

INTERIOR – HOSPITAL - PABELLON

Amelie está acostada con los ojos cerrados.
Rosa y Victoria entran en la sala.

ROSA
Victoria, look, every bed is occupied with patients.

VICTORIA
Rosa mire allí cerca de la ventana, los visitantes están
sentados en el suelo; y la mayoría de las camas no
tienen almohadas o sabanas, algunas camas tiene
solamente un pedazo de tela sucia que cubre el colchón
de espuma. Debemos traer una almohada y una sábana
para la cama de Amelie.

ROSA
Mira Victoria, hay camas que no tiene colchón.
Ya veo a Amelie, vamos.

Rosa y Victoria caminaron casi corriendo hacia la cama de
Amelie. Las dos amigas se abrazaron efusivamente.

ROSA
¿Cómo estás, mi querida hija? Se te ve mucho mejor.

AMELIE
Sí, mamá, me siento mejor.

ROSA
Me alegro que te sientes mejor.

Amelie muestra una aguja que tiene en su brazo.

AMELIE
¿Mamá que es esto que tengo puesto en mi brazo?

32

El Drama de Amelie

Rosa mira una Victoria.

ROSA

¿Victoria sabes que es esa aguja?

VICTORIA

Es una aguja (IV). En esa bolsa ponen medicamentos y agua; que van a tu cuerpo a través de estos tubos.

AMELIE

¡Victoria, cuán grande es mi alegría de verte después de tantos años! Que bien te ves. Gracias por venir; hay tantas cosas que quiero hablar contigo, pero ahora no me siento con fuerza.

VICTORIA

Está Bien Amelie, podemos hablar cuando te sientas mejor.
Estaba en la oficina cuando Rosa llamó. No pude venir antes porque estaba ocupada, pero vine tan pronto como pude.

AMELIE

Gracias Victoria. Quiero beber algo. No bebí nada desde esta mañana cuando llegué al hospital.

VICTORIA

Amelie te traje jugo de naranja.

AMELIE

Jugo de naranja, es bueno. Gracias Victoria.

Victoria vierte el jugo en un vaso de plástico y se lo da a Amelie.

El Drama de Amelie

VICTORIA
  Aquí, tienes tómalo todo.

Amelie bebe el jugo con avidez y luego mira a su madre.

AMELIE
  Mamá, no te olvides de llamar por teléfono a Pedro y decile que venga mañana a verme, él es mi marido y tiene que estar aquí, conmigo.

ROSA
  Amelie he decidido ir a Ado y pedirle a Pedro, personalmente, que venga aquí. No quiero llamarlo por teléfono.

AMELIE
  Mamá, el Dr. Levin me dijo que estoy embarazada. Pero no le digas nada a Pedro porque quiero ser yo quien le da la noticia.

ROSA
  Sí, yo ya sé. El Dr. Levin me dijo esta mañana que estas embarazada. También me dijo que quiere hablar con Pedro. Amelie, estoy muy contenta de que estás esperando un bebé. Que gran felicidad traes a nuestra casa. Todos seremos felices.

AMELIE
  Mamá, estoy muy contenta de estar embarazada. Creo que Pedro y Mamá Sarah también serán felices. Espero que me trataran mejor y mi marido será más responsable.

VICTORIA
  Amelie me quedaré toda la noche contigo, porque los servicios de enfermería durante la noche son limitados.

AMELIE

Victoria, no es necesario que te quedes aquí toda la noche. Estoy segura de que, ahora que sé que no estoy enferma y que me siento bien; voy a poder dormir toda la noche. Muchas gracias mi amiga.

VICTORIA

Está bien, ahora voy a mi casa, pero voy volver mañana temprano antes de ir a trabajar. ¿Quieres que te traiga algo para comer?

AMELIE

No Victoria, gracias.
¿Mamá, cuánto tiempo voy a estar aquí? ¿Qué te dijo el Doctor?

ROSA

No sé, hija, el Doctor quiere que te quedes en el hospital hasta que te recuperes completamente; pero creo que te vas a curar rápido.

AMELIE

Quiero ver a Pedro. Quiero ver su cara cuando le diga que va a ser papa. Ustedes pueden irse ahora. Estoy cansada y quiero dormir.

ROSA

Amelie, voy a volver mañana con Pedro. Dormí bien mi hija.
Victoria, vamos…

VICTORIA

Rosa, voy quedar unos minutos más con Amelie. Nos vemos mañana.
.

Rosa se inclina sobre la cama de Amelie y la un beso en la mejilla. Se va del pabellón inmediatamente.

El Drama de Amelie

AMELIE

Espero que mi bebe sea un niño. Si es un varón quiero llamarlo Andrés. Estoy segura de que va a ser un nene.

VICTORIA

¿Por qué quieres darle el nombre de Andrés a tu hijo?

Amelie sonríe

AMELIE

Quiero llamarlo Andrés porque hace unos años un doctor llamado Andrés vino a la aldea. Fue muy amable y curo a muchas personas; admiraba todo lo que hacía, trabajaba sin descanso. Quiero que mi hijo sea como él.

VICTORIA

Es un lindo nombre ¿Y si es una niña como la a llamar?

AMELIE

No quiero ni pensar que va a ser una nena. ¡Sé que va ser un varón!

Espero que Pedro sea un buen padre. Espero que cambie y que dedique su tiempo libre a estar con nosotros en vez de ir a los bares; quiero que esté más tiempo conmigo y juntos criemos a Andrés.

Quiero darle a Andrés una vida mejor que la que nosotros tenemos. Quiero que mi hijo estudie y sea un médico como el Dr. Levin. Pedro y yo tendremos trabajar duro para darle a nuestro hijo lo mejor.

Victoria you should go now.

El Drama de Amelie

AMELIE.
Victoria, cuéntame lo que pasó.

Victoria comienza a llorar, Amelie toma su mano.

VICTORIA
Pensé que Barry me amaba, me entregué
completamente a pesar de que no estábamos casados.
Al poco tiempo descubrí que estaba embarazada...
Cuando él se enteró, no quiso continuar con nuestra
relación; nunca más lo volví a ver. Me encontraba con
un dilema; no tenía marido y estaba embarazada, no
me podía quedar en el pueblo.

AMELIE
Oh, mi pobre amiga y yo no sabía nada. ¿Fue en ese
momento cuando tomaste la decisión de venir a vivir a
Lagos?

VICTORIA
Sí, decidí venir aquí, donde nadie me conocía. Mi
madre entendió mi problema; me dio un poco de
dinero. Tenía miedo, y me sentía deprimida pero sabía
que no tenía otra opción.

AMELIE
¡Oh mi pobre amiga!

VICTORIA
Una mañana tomé el autobús que iba a Lagos y
abandoné la aldea. Fue uno de los momentos más triste
de mi vida.

AMELIE
Me imagino lo aterrorizada que deberías estas. Dime
que sucedió después de que te fuiste de la aldea.

El Drama de Amelie

VICTORIA
> Cuando subí al autobús me senté en el único asiento disponible; casi inmediatamente comencé a llorar, me sentía muy deprimida, estaba sola.

Amelie toma la mano de Victoria.

AMELIE
> Me gustaría haber estado contigo.

VICTORIA
> Gracias mi amiga. espués de unos minutos comencé a hablar con una señora mayor, creo que tenía más de 50 años, estaba sentada al lado mío, su nombre era María. Le conté que estaba embarazada y estaba sola, y que tenía miedo de que algunos de los hombres del pueblo me fueran a matar a pedradas como lo hicieron con Soraya el año anterior.

> ¿Te acuerdas lo horrible que fue? Ella dio a luz a un bebé; nunca se había casado.

AMELIE
> Sí recuerdo. La madre de Soraya tiene él bebe ahora.

VICTORIA
> Sé que la madre tiene al hijo. Lo sé. Cuando llegamos a Lagos, María me alojó temporariamente en su casa hasta que encontrara un lugar adecuado para mí. Unos días más tarde, encontró un lugar cerca de su casa.

AMELIE
> Fue un milagro.

VICTORIA

¡Fui muy afortunada! María fue como un ángel para me.
María estaba involucrada con el grupo Woman for Woman International (WWI).

AMELIE

¿Qué es eso? ¿Qué Significa WWI?

VICTORIA

Es un grupo de mujeres que ayudan a mujeres que viven en países pobres con ayuda financiera y emocional. Además proveen capacitación laboral.

Durante mi embarazo, me entrenaron un lugar para trabajar como secretaria. ¿Puedes imaginar mi buena suerte en estar sentada al lado de María en el autobús? Como tú dices fue un milagro.

AMELIE

¿Qué paso con tu bebé?

Victoria se puso triste, lloro antes de contestar.

VICTORIA

Emanuel, así lo llame, era un bebé hermoso. Mi vida se hizo difícil, tenía que trabajar para ganar dinero; no tenía mucho tiempo para dedicarme a atender a mi hijo; una niñera lo cuidaba.
 Cuando papá murió, Mamá vino a vivir conmigo. Era perfecto. Ella se hizo cargo de Emanuel mientras yo trabajaba. Había comenzado a gozar de la vida.

AMELIE

Me imagino que eras feliz.

El Drama de Amelie

VICTORIA

Sí, era feliz, pero no por mucho tiempo. Después de algunos meses, Emanuel murió de neumonía.

AMELIE

Oh no mi amiga, lo siento; que desgracia.

Amelie abraza a Victoria

VICTORIA

Estaba devastada. Por suerte WWI me ayudó nuevamente, esta vez con consejos y conversaciones.

Amelie nunca he contado a nadie sobre mi pasado, pero, no puedo decir que ahora soy feliz, creo que en los últimos meses he encontrado paz.

Mi madre todavía vive conmigo.

Amelie toma la mano de Victoria y la presiona calurosamente.

VICTORIA

No fue fácil, fue una vida dura.

AMELIE

Me alegro de que tu vida se haya encaminado relativamente bien. Victoria ya que has sido sincera conmigo, lo seré contigo. ¡No sé me que me va a pasar!

VICTORIA

Por favor, contame, quiero saber todo. Quiero verte con un futuro feliz.

El Drama de Amelie

AMELIE

> Victoria, Pedro no es un buen marido, y no creo que
> será un buen padre, no sé lo que haré, parece que tengo
> un futuro sin promesas. Mi sueño es ver a mi hijo
> crecer y ser una buena persona con un objetivo en la
> vida y estar casado y con hijos. Quiero verlo con un
> futuro brillante.

*Rosa y Pedro entran en el pabellón y caminan hacia la cama
de Amelie. Pedro besa a Amelie y después saluda a Victoria,
y luego da un paso atrás para darle lugar a Rosa para que se
acerque a Amelie. Ella también besa a Amelie, toma su mano
y permanece cerca de la cama.*

PEDRO

> ¿Cómo te sientes Amelie? Te ves mucho mejor.
> Mamá Rosa me dijo que vamos a tener un bebé. Mi
> hijo me va hacer un padre muy feliz

AMELIE

> Mamá te pedí que no le digas a Pedro, quería ser yo
> quien la iba a dar la noticia de nuestro bebe.

ROSA

> Perdóname Amelie, no pude contener mi alegría,
> además Sarah quería saber. Ella también se puso
> contenta.
>
> Pedro y yo tenemos que hablar con el Doctor Levin.

AMELIE

> Se Mamá que tienen que ir a ver al Doctor Levin.
> ¿Qué tienes en esa bolsa de papel?

Rosa le da a Amelie la pequeña bolsa a Amelie.

El Drama de Amelie

ROSA
>Amelie aquí te traje arroz, pollo frito y jugo de naranja.

AMELIE
>Mamá, no quiero comida; Quiero ir a casa. Me siento

mejor.

ROSA
>Amelie el Dr. Levin quiere que te recuperes completamente antes de que te de alta.

>Pedro, tenemos que ir ahora a la oficina del Doctor, vamos.

Rosa y Pedro abandonan la sala. Victoria y Amelie siguen hablando tranquilamente.

Después de un rato Victoria se acerca a Amelie y le da un beso en la mejilla y le dice,

VICTORIA
>Amelie voy a volver después que salga de mi trabajo.

AMELIE
>Gracias Victoria. Te deseo un buen día.

Amelie se queda dormida.

UNA HORA MÁS TARDE

Rosa regresa al pabellón, se sienta en la cama de Amelie y comienza a llorar. Unos minutos de más tarde Amelie se despierta.

AMELIE
Mamá, no llores; me siento mejor y tengo hambre.

ROSA
Sí Amelie te ves mejor ahora.

AMELIE
¿Mamá donde esta Pedro?

ROSA
Pedro estuvo aquí, pero como estabas durmiendo no te quiso molestar. Espero unos minutos y regresó a la aldea. Voy a ir a comprar algo para que bebas y comas. Recordá que ahora tú necesitas comer para vos y para tu bebé.

Rosa sale del pabellón.

Amelie habla consigo misma, en vos baja.

AMELIE
No entiendo por qué Pedro no esperó; Quiero hablar con él sobre tantas cosas. Me gustaría hablar sobre nuestras vidas, sobre nuestro bebé. Pedro, tienes que ayudarme; tienes que ser un mejor esposo y un buen padre. Nuestro hijo se lo merece.

La Decisión

**INTERIOR - ADO – CASA DE AMELIE –
HABITACION– 10 DIAS DESPUES – ANOCHECER**

MUSICA DE TAMBORES SE ESCUCHA EN EL FONDO

*Rosa, Amelie y Victoria están charlando.
Amelie mira a Victoria y sonríe.*

AMELIE
Victoria, ahora que me he recuperado tenemos tiempo
para ponernos al día de todo lo que pasa en nuestras
vidas.

Primero voy a ir a preparar algo para comer antes de
que vayamos al baile.

*Amelie sale de la habitación. Rosa mira a Victoria, toma su
brazo y le habla en voz baja, casi murmullando.*

.
ROSA
Victoria, te he pedido que vengas porque necesito tu
apoyo para decirle a Amelie que ella está infectada con
el virus VIH y puede llegar a tener SIDA. Viviendo en
Lagos, probablemente sabe más sobre SIDA que yo.

VICTORIA
¡Oh no, pobre Amelie! Sí, sé lo terrible que es el
SIDA. Rosa se lo terrible que es porque yo también
estoy infectada.

El Drama de Amelie

ROSA
>¡Oh, Victoria, qué terrible! Me da mucha pena. Supongo que es cierto que África realmente ha sido castigada duramente con el VIH.

VICTORIA
>Si desgraciadamente se está propagando no solo en África sino por todo el mundo. Lo siento por Amelie.

Rosa comienza a llorar y dice,

ROSA
>Con tu ayuda, tenemos que decirles a Amelie la enfermedad terrible que la aqueja. Ella debe saberlo para que se prepare mentalmente de lo que le espera en el futuro. No obstante, quiero que sea feliz, no sé qué hacer, es tan difícil.

VICTORIA
>Rosa, voy a intentar ayudarle tanto como pueda.

ROSA
>Su vida será diferente; ella nunca será feliz, mi pobre hija. Por favor, Victoria, ayúdame; Ayúdame a encontrar la manera de hacer feliz a mi niña.

Amelie entra en la sala.

AMELIE
>¿Mamá, por qué estás llorando?

Rosa toma la mano de Amelie.

ROSA
>Amelie, hija mía tengo que hablar contigo.

El Drama de Amelie

AMELIE

¿Por qué? ¿Mamá le paso algo malo a Pedro? ¿Por qué no lo he visto desde aquella mañana en el hospital? ¿Sabes dónde está?

Rosa comienza a llorar nuevamente.

ROSA

No hablemos más de Pedro, quiero hablar de vos.

AMELIE

Decime mamá ¿Qué pasa, ocurre algo malo?

ROSA

Amelie, mi querida hija; cuando estabas en el hospital, el Dr. Levin me habló de una terrible enfermedad que te está afectando. No quería alterar tu proceso de recuperación, por eso él me pidió que te lo dijera después que te hayas recuperado.

AMELIE

¿Mamá, de qué estás hablando? ¡Por favor decime!

Amelie y su madre están llorando.

ROSA

El Dr. Levin me dijo que tienes el virus VIH, una infección que puede llevar a ser SIDA. Quiere verte en 4 semanas.

Rosa cubre su rostro con sus manos. Amelie mira inquisitivamente de su madre a Victoria.

AMELIE

¿Mamá, qué es el SIDA? ¿Victoria, vos sabe qué es SIDA?

VICTORIA

Si Amelie se lo que es SIDA. Rosa, por favor déjenos solas; le voy a explicar.

ROSA

Gracias Victoria; primero de todo déjame decirle la verdad sobre Pedro.

AMELIE

¿Qué pasa, mamá? ¿Qué más va a suceder en mi vida?

ROSA

Amelie el día que Pedro y yo fuimos al hospital, El Dr. Levin le dijo a Pedro que quería hacerle un análisis de sangre para saber si él también estaba infectado. El no contestó, bruscamente se fue de la oficina y nunca más lo volvimos a ver. Esa es la verdad. La verdad se fue de la oficina del doctor como un cobarde.

AMELIE

¿Victoria, sabes por qué le tenían que le que hacer un análisis de sangre?

ROSA

Creo que Pedro actuó como si se hubiera fugado, porque tenía miedo. Ahora las dejo solas.

Rosa sale de la habitación. Victoria se acerca a Amelie.

AMELIE

Dime, Victoria, ¿por qué mamá dice que Pedro se negó a que le hagan el análisis de sangre? ¿Realmente, tú crees que se fue de la oficina del Dr. Levin como si fuera un fugitivo?

El Drama de Amelie

VICTORIA
Si Amelie, parece que no quiso enfrentar la situación.

AMELIE
¿Qué es el SIDA? Sé que es una infección muy seria,
pero no sé mucho más.

VICTORIA
SIDA es una enfermedad terrible, y hasta ahora, no
tiene cura.

Amelie llora nuevamente, parece estar desesperada.

AMELIE
¿Por qué me tiene que pasar a mí? ¿Qué es lo que yo
hecho de malo? No entiendo ¿Cómo contraje esa
infección? Explícame Victoria.

VICTORIA
Amelie sé lo que es SIDA porque yo misma estoy
infectada. Cuando se tienen relaciones sexuales con
un hombre que está infectado con el VIH, contrae la
infección; así es como te contaminantes. Y así es como
me contaminaron a mí.

AMELIE
Todavía no entiendo; Sólo tuve relaciones con mi
esposo. Nunca amé a   otro hombre. Es terrible.

VICTORIA
Es peor porque nunca sabias que él estaba infectado y
creo que él tampoco sabía.

AMELIE
¿Significa que mi propio marido...? no puedo creerlo.

50

El Drama de Amelie

Amelie no puede continuar; cubre su cara con las manos y vuelve al llorar. Victoria la abraza tratando de consolarla.

VICTORIA

Sí Amelie, Pedro te contaminó, no hay otra explicación. Él debe haber contraído la infección al haber tenido sexo con alguna de las prostitutas que posiblemente encontró en algún bar nocturno que el frecuentaba.

AMELIE

¿Qué será de mi vida? ¿Qué va a pasa con el bebé? No quiero que mi hijo nazca enfermo. Victoria, ¿qué pasó cuando te enterastes de que estabas infectada? Victoria ahora te veo bien. ¿Por qué dijiste que SIDA no tiene cura?

VICTORIA

No existe cura para el SIDA. Pero si tomas las mismas pastillas que yo tomo, podrás vivir más tiempo. Tal vez que podríamos vivir lo suficiente para ver una cura. Tengo esa esperanza.

Amelie muestra a Victoria 3 pequeños frasquitos.

AMELIE

El Dr. Levin me dio estas pastillas para tomarlas una vez al día. Pensé que eran para curar la neumonía que tenía cuando fui al hospital.

VICTORIA

Sí, creo que es la misma prescripción que la mía. Los médicos la llaman el coctel del SIDA.

AMELIE

No sabía.

VICTORIA
> Amelie después de un tiempo, te vas a sentir mejor y vas a estar más activa; así es como me está pasando a mí.

AMELIE
> ¿Victoria, Emmanuel también estaba afectado por la infección? Pobre bebé, él era un pequeño angelito.

VICTORIA
> Sí, Emmanuel murió de neumonía, es una de las enfermedades relacionadas con el SIDA. Pero en tu caso, si la infección de SIDA fue tratada temprano, existe la posibilidad de que tu hijo no va a nacer contaminado.

AMELIE
> Voy a rogar para que mi niño no esté infectado.

VICTORIA
> Te voy a dar un consejo. Creo que no debes decirle a nadie, ni siquiera a tu suegra. Sarah podría hacer tu vida miserable.

AMELIE
> Y Pedro, porque se fue sin decir nada.

VICTORIA
> Supongo que tenía miedo de saber si él estaba infectado o a lo mejor pensó que mejor no saber nada. Tal vez él estaba avergonzado de volver a verte. Tal vez tenía miedo de lo que le sucedería a él si regresaba a la aldea. Para decirte la verdad, no sé. Posiblemente no quería enfrentarse con su madre.

AMELIE

¡Se fue como un cobarde! ¿Qué puedo hacer sin él?
No estoy seguro si estaré a salvo en Ado. Victoria,
tengo que ser una persona más fuerte. Me doy cuenta
ahora que no puedo depender de Pedro. ¡Es más creo
no puedo depender de nadie más que de mi misma!

VICTORIA

Amelie puede confiar en mí. Si te decides a ir a vivir a
Lagos como yo lo hice, puedes vivir conmigo,
asimismo si tienes SIDA. Creo que nos podremos
ayudar mutuamente; mujer a mujer con nuestras
enfermedades y nuestras vidas. También las dos
podremos cuidar a Andrés.

AMELIE

Muchas gracias Victoria. Me siento realmente
afortunada de tener una amiga tan noble como tú.

VICTORIA

Amelie estoy seguro que la gente que me ayudó
también te va a ayudar a vos.

AMELIE

Victoria no sé lo que hubiera hecho sin tu ayuda y tu
aliento.

Amelie y Victoria se abrazan.

VICTORIA

Amelie te pido disculpa, pero tengo que irme, el último
autobús a Lagos parte dentro de unos minutos.

AMELIE

Lo sé. Espero verte pronto en Lagos.

El Drama de Amelie

Victoria sale de la sala. Amelie llora y habla en vos baja.

AMELIE
> No te preocupes Andrés. Voy a ser fuerte para vos.

Ana, la hermana menor de Amelie entra en la sala y camina hacia ella.

ANA
> ¿Amelie que te pasa? ¿Por qué lloras?

AMELIE
> Estoy llorando porque estoy desesperada. Mamá me acaba de decir que estoy infectada con el virus que produce SIDA.

ANA
> ¿Qué es el SIDA?, se muy poco ¿Pero qué es?

AMELIE
> Oh Ana, eres tan joven, sólo tienes diecinueve años, no sabes nada de lo que pasa fuera de la aldea.

ANA
> Por favor Amelie no me patrocines, solo dime que es. ¿Recuerda que ya no soy más una niña?

AMELIE
> Lo siento Ana, no quise ofenderte. SIDA es una enfermedad sin cura. Se transmite de una persona contaminada a través del sexo. Pedro fue quien me contaminó, es la única forma posible, porque nunca amé a otro hombre.

El Drama de Amelie

ANA

> ¿Pedro? Nunca confié de él, es un canalla. Sabes que trato de tocarme.

AMELIE

> Posiblemente a Pedro lo contagió alguna mujer que conoció en un club nocturno. Ese fue mi destino.

ANA

> Eso es terrible. ¿Qué puedes hacer? ¿Has hablado sobre tu enfermedad con tu Doctor?

AMELIE

> No sé qué es lo que puedo hacer. Voy a ir a Lagos para ver el Dr. Levin.

Amelie y Ana se abrazan, ambas lloran.

ANA

> Amelie, te quiero y siempre estaré cerca de ti.

AMELIE

> Sé que me quieres; pero ahora quiero estar sola.

ANA

> Te comprendo hermana.

Ana abraza a Amelie y sale de la sala.

El Drama de Amelie

EXTERIOR - ADO – CALLES - POCOS MINUTOS DESPUÉS

Amelie sale de la casa sin saber dónde quiere ir. Camina en la calle que conduce a la plaza central. Está llorando y hablando en voz baja, a veces camina rápido, casi corriendo y otras veces camina despacio.

Después de unos minutos comienza a llover; Amelie sigue caminando a pesar de que llueve torrencialmente, pareciera que no se percata de nada a su alrededor.

Amelie continúa hablando a sí misma.

AMELIE
Si yo tuviera un amante, el pueblo me condenaría y es posible que me apedrearan. Pero Pedro, como es un hombre, puede hacer lo que él quiere, nadie va decir nada y nada le va pasar. ¿Por qué las mujeres tenemos que sufrir?

Todo es muy deprimente; es terrible ver las calles llenas de basura y agua estancada en las alcantarillas. No entiendo por qué los hombres de la aldea no ayudan a limpiar las calles.

Amelie acaricia su estómago.
Mi adorado bebé, te prometo que haré lo que pueda para que vos y yo tengamos una vida mejor; solo te pido y le pido a Dios que nazcas limpio, sin esta maldita enfermedad que tengo dentro de mí.

He decidido ir a vivir con Victoria en lagos, no puedo quedarme aquí, nadie me apoyaría, tengo que buscar mi tranquilidad y la tranquilidad de mi hijo.

Amelie continúa caminando; seguía hablando así misma.
Caminó sin rumbo por muchas horas, hasta que regresó a su
casa.

Rosa la estaba esperando en la puerta con un paragua.

ROSA
> ¿Amelie dónde estabas? Yo estaba muy preocupada;
> estas toda mojada. Entra en la casa y cámbiate la ropa,
> no podes enfermarte de nuevo.

AMELIE
> No te preocupes mamá, Todo va a ir bien. Tengo que
> pensar en mi vida y la vida de mi bebé.

Amelie fue a su cuarto y cerró la puerta detrás de ella.

INTERIOR - LAGOS – OFICINA DEL DR. LEVIN –
UN MES MAS TARDE - TEMPRANO POR LA
MANANA

Amelie entra en la oficina del Dr. Levin.

DR. LEVIN
> Buenos días Amelie, venga, siéntese aquí.

AMELIE
> Doctor, mi madre me dijo que usted quiere verme.

DR. LEVIN
> Sí Amelie quiero verte, pero ¿Dónde está tu esposo?

AMELIE
> No se doctor.

DR. LEVIN

Quiero que él esté aquí contigo; debe escuchar lo que tengo que decirte.

AMELIE

Doctor, después de que usted le dijo a Pedro que quería hacerle un análisis de sangre, él se fue de su oficina, nunca lo volví a ver. Todo esto que estoy viviendo como una pesadilla.

DR. LEVIN

Tal vez él estaba asustado.

AMELIE

Mi mamá piensa que él ha salido bruscamente de su oficina porque sospechaba que él estaba infectado y tuvo miedo.

No me importa nada relacionado con él; no estuvo conmigo en el momento más difícil de mi vida.

DR. LEVIN

Comprendo, y sé que es muy difícil.

AMELIE

Doctor ahora quiero saber si mi bebé va a nacer infectado como estoy yo.

DR. LEVIN

No sé Amelie, aunque espero que tu bebe no va a nacer con la infección. Tendremos que proteger a tu bebé antes y después de su nacimiento.

Amelie, habla con tristeza, pero su vos es firme.

El Drama de Amelie

AMELIE

¿Qué debo hacer, Doctor? Voy a hacer todo lo que sea posible. Mi bebé es lo único que tengo y tiene que nacer sano.

DR. LEVIN

Tendrás que venir al hospital todos los meses ante del nacimiento. Cuando llegue el momento del parto te daremos medicamentos. Después de dar a luz a tu bebé lo vamos a mantener en el hospital durante varias semanas. Amelie haremos todo lo posible para que su hijo nazca limpio o sea sin la infección.

AMELIE

¿Doctor, mi marido me contaminó? Tiene que ser él, no existe otra alternativa porque nunca amé a otro hombre.

DR. LEVIN

Estoy seguro que fue él. Probablemente él ya estaba infectado antes de que se casara contigo. Es frecuente que los hombres contraen el virus del SIDA cuando tiene relaciones sexuales con mujeres que posiblemente conocen en los clubes nocturnos o en las calles.

AMELIE

Sí doctor, es cierto Pedro es un mujeriego, incluso después de que nos casamos. Solía ir a los bares nocturnos, a veces yo podía oler en su ropa el aroma de perfume femenino. Arruinó mi vida y voy a tener que vivir el resto de mis días con esta terrible enfermedad.

Amelie, llora.

DR. LEVIN

Tal vez, él no sabía que estaba infectado. Cuando él se
fué de mi oficina, creo que se fué porque no quería
conocer la verdad. Desgraciadamente es posible que
ahora el continua haciendo lo mismo; contaminando a
otras mujeres.

La cara de Amelie muestra horror

AMELIE

Oh Dios mío, ¿cómo podemos parar esta maldición?
Es un desastre para nuestra gente.

DR.LEVIN

No sé, Amelie no podemos continuar hablando de
Pedro. Lo más importante, ahora es que tenemos que
ayudar a tu bebé para que nazca sano. Sigue tomando
las pastillas una vez al día y vení a verme el mes que
viene.

AMELIE

Doctor, voy a cumplir todo al pie de la letra.

DR. LEVIN

¿Amelie ya le has dado nombre a tu bebe?

AMELIE.

Si doctor lo voy a llama r Andrés.

DR. LEVIN

Bonito nombre, Amelie si ves a tu marido, por favor
decile que venga a verme. Posiblemente lo podré
ayudar si la enfermedad no está muy avanzada.

Amelie se levanta y sale de la oficina.

Mientras camina hacia la casa de Victoria le dice a su bebe

AMELIE

Andrés, tendremos mucho que hacer para que nazcas sano.

El Sueño de Amelie

INTERIOR - ADO - CASA DE ROSA - 3 AÑOS MÁS TARDE – TEMPRANO POR LA TARDE

Amelie está con Andrés. Se ve saludable, esta vestida con una blusa azul y con una tela colorida alrededor de su cintura. Está cantando mientras sostiene la mano de su niño para hacerlo dormir. Andrés tiene más de 2 años de edad. Ella lo mira, deja de cantar y sonríe mientras le dice.

AMELIE
Dormí mi hijito, estoy aquí para ti y siempre estaré; eres mi tesoro. Doy gracias al Señor por el milagro de que mi bebito nació limpio. Lamento que tu padre nunca te vio; no sé dónde está ahora. No entiendo por qué no está aquí con nosotros. Me prometió que iba a ser un buen padre y estar siempre con nosotros.

Sarah entra en la habitación con una sonrisa forzada le dice a Amelie,

SARAH
Mi querida Amelie hasta ahora has sido una buena madre para mi nieto. Pedro estaría contento si el viera toda la atención que le das a tu hijo. Pero últimamente ya no estoy tan segura que tú entiendes lo que significa ser una buena madre.

Amelie mira a Sarah le contesta con tono defensivo.

El Drama de Amelie

AMELIE
> ¿Qué me quiere decir Mamá Sarah? No entiendo.

SARAH
> Amelie tu madre me dije que estas yendo a Lagos todas las semanas. ¿Por qué es eso, es porque tienes secretos? ¿Tienes un amante en Lagos?

Amelie aún le habla a Sarah en forma amigable a pesar del insulto.

AMELIE
> Mamá Sarah no comprendo porque usted siempre trata de insultarme. Para que usted sepa, ahora que Andrés tiene más de 2 años, tengo tiempo para ir a la escuela y aprender. Quiero desarrollar habilidades para poder conseguir un buen trabajo.

SARAH
> ¿Qué quieres decir?

AMELIE
> Voy a Lagos todas las semana para tomar un curso de computadora y secretariado.

SARAH
> ¿De dónde sacaste el dinero para el curso de computadora? ¿Estas trabajado como prostituta?

Amelie está evidentemente incomoda con la pregunta que Sarah le hizo, pero se controla, permanece callada por un instante y después le contesta en forma respetosa pero firme.

AMELIE
> ¿Mamá Sarah qué tipo de pregunta es esa? Usted debe tener cuidado de no insultar. ¡No, yo no me prostituí y

nunca lo hare! Para su información el curso de computadora que estoy tomando es parte de un programa de capacitación financiado por el gobierno de los Estados Unidos; los cursos son gratuitos. Mi madre me da dinero para el transporte y cuando estoy en Lagos me quedo en la casa de Victoria. Así que realmente no tengo muchos gastos.
¡Exijo que usted me respete!

SARAH

Porque no me lo dijistes antes.

AMELIE

Porque no estaba seguro de que usted aprobaría.

SARAH

Tienes razón; No apruebo lo que estás haciendo. Eres una mujer casada, y tu lugar está aquí con tu hijo, tu madre y conmigo.

AMELIE

No mamá Sarah, este no será mi lugar por mucho tiempo, si es que quedarme aquí depende solo de mí y yo tengo que hacer lo que es mejor para mí y para mi hijo.

Sé que usted le dijo el jefe y a todo el pueblo que Pedro está trabajando en los campos petrolíferos de Port Harcourt.

SARAH

Porque sé que él está allí.

AMELIE

Mamá Sarah. Ambas sabemos que no es cierto. Ninguno de nosotros tiene la menor idea dónde está

Pedro. En cuanto a mí, ya no me considero más una mujer casada ya que mi marido, su hijo, nos abandonó.

He pensado largo y tendido desde que regresé al pueblo y me he convertido en una mujer diferente. Si me quedo aquí, siempre seré conocida como la pobre mujer que el marido la abandono y mi hijo va a terminar trabajando en los arrozales como lo hizo su padre y sus abuelos. Posiblemente estará borracho toda su vida.

SARAH

Mi hijo es tu esposo y lo debes respetar.

AMELIE

Mamá Sarah, Yo no quiero tener el tipo de vida que usted quiere para mí y su nieto; ese tipo de vida no es para mí, ni para mi hijo. Me he propuesto dar a mi hijo un futuro mejor; quiero que sea un médico; ese es mi sueño. Y para ello, tiene que ir a la escuela. Si nos quedamos aquí, él nunca llegara a ser alguien. Es por eso que quiero ir con Andrés a la ciudad donde tendremos mejores oportunidades para progresar.

SARAH

No sé dónde sacastes esas ideas de grandiosidad; probablemente de tu amiga Victoria, esa mujer fácil y sin escrúpulos.

AMELIE

Mamá Sarah, nuevamente está usando palabras ofensivas.
Se me ocurrió la idea cuando estaba en el hospital y vi la manera que el Dr. Levin me ayudó a mí y a otras personas. Quiero a mi hijo un día pueda ayudar como el Dr. Levin me ayudó.

El Drama de Amelie

SARAH

Estás soñando, no seas ilusa.

AMELIE

Mamá Sarah, mi esperanza no es un sueño, mi esperanza será la realidad.

SARAH

Creo que debes permanecer aquí, con tu madre y conmigo. Debes cuidar a tu hijo, a tu madre y a mí.

AMELIE

Mamá Sarah, tengo planes deferentes para mi futuro. Voy a Lagos mañana para estar con mi amiga Victoria durante unos meses. Me quedaré en Lagos hasta que termine mis estudios. Tengo que practicar más en una computadora si es que quiero desarrollar mis calificaciones. Además, tengo que investigar sobre oportunidades de trabajo.

Rosa entra en la sala. Mira a Sarah y camina en dirección donde está Amalie.

ROSA

Sarah, ¿Qué ocurre? Te veo molesta

SARAH

Rosa, Amelie me acaba de decir que se va a ir a vivir en Lagos por unos meses para terminar un curso de informática. ¿Quién se encargará de Andrés?

ROSA

Sarah no te preocupes yo me encargaré de Andrés.

El Drama de Amelie

SARAH

Amelie me dijo que después de que termine sus estudios, quiere irse del pueblo permanentemente y se va a llevar a Andrés con ella. No puedo creer que hayamos llegado a una situación como esta.

ROSA

Sé que ella se va a ir a vivir en Lagos, ya me habló sus planes.

SARAH

Rose tú sabes tan bien como yo que su lugar es estar aquí, con su familia en el pueblo donde nació.

ROSA

Ana y yo los vamos a extrañaremos mucho; especialmente a Andrés, pero, Sarah, por favor deja a Amelie sola. Ella se quiere superar y tener una vida mejor. Sé que será difícil para ella. Pero recordá que es su vida, y no le podemos imponer nuestra voluntad.

SARAH

Bueno, aunque todavía desapruebo los planes de Amelia, pero espero que al menos me permitirán compartir con el cuidado de Andrés. Parece que voy a terminar mi vida sola.

AMELIE

Mamá Sarah, seguro que usted lo va a poder cuidar, no puedo pensar en nada mejor que dos abuelas cuiden a Andrés mientras yo estoy en Lagos.

SARAH

Gracias Amelie.

ROSA
> Sarah, todos cuidaremos a nuestro nieto.

> Amelie recordá que mañana vas a viajar a Lagos, es tarde, mejor anda a dormir. Mañana tendrás un largo día.

Las dos abuelas besan al bebe y dejan la sala

Amelie está en la cama cerca de Andrés; se queda dormida acariciando a su bebe.

El Drama de Amelie

INTERIOR – OFICINA DEL DOCTOR LEVIN - SALA DE ESPERA – ATARDECER

Amelia está sentada en la sala de espera de la oficina del Doctor Levin. Victoria entra en la sala y abraza a su amiga.

VICTORIA

Buena tarde Amelia ¿Cómo estás? ¿Tuviste un buen viaje?

AMELIE

Sí, tuve un buen viaje, pero antes de todo, permíteme expresar mi dolor por la muerte de tu madre. Yo la quería mucho; ella siempre fue buena conmigo; era como una buena madre para mí.

VICTORIA

Gracias Amelie. Mi mamá era todo que tenía en mi vida después que Emmanuel murió. Ella fue mi apoyo, y ahora estoy sola. Por eso estoy contenta que aceptastes mi invitación de quedarse conmigo mientras terminas tu curso. Tu compañía me ayudará a superar mi soledad y tristeza.

AMELIE

Victoria, tu sabes que haré todo lo posible para que continuemos siendo amigas. Pero sobre todo quiero darle las gracias por abrirme tu casa. Es una gran ayuda para mí

VICTORIA

Amelie la semana pasada estuve en uno de los mercados de Lagos. Fui a buscar una máscara de la tribu Yoruba del Norte de Nigeria, Fui con la esperanza de no pensar en mi madre; me sentía muy deprimida. Nunca podrás adivinas a quien vi en uno de los kioscos.

AMELIE

No tengo la menor idea. Dime a quien vistes'

VICTORIA

Vi a Pedro en uno de los kioscos que vende estatuas y máscaras africanas hechas de madera. Él estaba ocupado con un cliente. Cuando me acerqué, lo primero que me preguntó fue por vos. Me dijo que le gustaría visitarte para hablar de volver a vivir juntos. También me preguntó si habías tenido un hijo. No quise decirla nada porque no sabía cómo ibas a reaccionar.

AMELIE

¿Qué casualidad, como está?

VICTORIA

Pedro no se ve bien; ha perdido mucho peso.

Me sentía sola, le di mi dirección, quería recordar algunos momentos de cuando de nuestra adolescencia.

AMELIE

Victoria, creo que ya sabes que Pedro no me interesa más y sinceramente prefiero no volver a verlo. No quiero recordar nuestro matrimonio.

VICTORIA

Comprendo Amelie, pero…

Amelie esta muy seria, mira a Victoria y le dice.

AMELIE

Yo más bien deseo concentrarme en el futuro con mi hijo y no pensar en el pasado con un mal marido. Victoria recordá que la razón por la que vine a Lagos es para ver a tu consejera. No quiero distraer el propósito de mi viaje a Lagos.

VICTORIA

Amelia, mi consejera dijo que te puede ver en cualquier momento. Mañana, si quieres voy a intentar para que tengas una reunión con ella.

Quiero insistir que Pedro no se ve bien; ¿Pude decirle que estás en mi casa?

AMELIE

No, Victoria, no quiero verlo; no quiero abrir la vieja herida.

VICTORIA

Realmente creo que deberías hablar con él. Necesitas enfrentarte con la realidad y sacarte toda la furia que tienes dentro de ti.

AMELIE

Tal vez tienes razón, pero no quiero verlo.

VICTORIA

Amelia, vos te mereces un momento de tranquilidad; Quiero invitarlo que venga a mi casa. De hecho, me gustaría que venga esta noche.

AMELIE

Está bien Victoria, si ver a Pedro te hace sentir bien, lo veré cuando tú quieras, te debo eso.

El Drama de Amelie

VICTORIA
> Gracias por aceptar verlo. Mañana voy a ir al kiosco donde él trabaja. Amelie puedo llevar tu maleta a mi casa. Nos vemos allí.

AMELIE
> Gracias Victoria. ¡Nos vemos en tu casa!

Victoria recoge la maleta de Amelia y sale de la sala. Unos minutos más tarde Amelia entra en la oficina del Doctor Levin.

El Drama de Amelie

INTERIOR – CASA DE VICTORIA – ATARDECER

*Victoria esta ordenando la sala de estar. El timbre de la
puerta suena. Victoria abre la puerta y Amelia entra.*

VICTORIA

Hola Amelie, bienvenida a mi casa ¿Cómo te fue en
con el Dr. Levin?

AMELIE

Dice que todavía estoy bien. También me pidió que
lleve a Andrés la próxima vez. Hubiera deseado que él
no mencionara el nombre de Andrés. Ya lo estoy
extrañando.

VICTORIA

Amelia, muy pronto no vas a pensar más en su
enfermedad. Yo estoy bien, pero a veces tengo
problemas respiratorios. Espero que no sea nada grave.
Puede ser una de las complicaciones del SIDA.

AMELIE

¿Te sientes bien ahora?

VICTORIA

Sí, me siento bien.

Amelie antes de llegar casa, fui al mercado y encontré
a Pedro. Le dije que estás muy enojada y que no quiere
hablar con él. Pero dijo que está todavía está
interesado en tratar de hablar contigo. Le pedí que
venga a casa después del trabajo. El Aceptó

AMELIE

Está bien, pero como te he dicho antes, sólo estoy
haciendo esto para complacerte.

73

VICTORIA

Gracias Amelie. Vas a ver que después que hables con él te vas a sentir mejor.

AMELIE

Intenté ser una buena esposa, pero él me dejo en el momento más difícil de mi vida. Victoria perdí cualquier sentimiento que tenía por Pedro. Estoy segura de que está enfermo y necesita atención médica, pero nunca me podré olvidar que fue él quien me infectó con esta terrible enfermedad y luego huyó como un cobarde.

VICTORIA

Amelie, Pedro tiene infecciones en la boca y los ojos. Él piensa que tiene muy poco tiempo de vida.

AMELIE

Si viene esta noche, podemos aconsejarlo para que vaya a ver al Dr. Levin. El Doctor puede prescribirle un remedio para aliviar su sufrimiento. Eso es todo. No quiero hablar con él.

VICTORIA

Entiendo Amelie pero...

AMELIE

Basta de hablar de Pedro y el pasado, me pone incomoda. Contame que paso con la Sra. Traore. Ella es mi presente y mi futuro, especialmente para me hijo.

VICTORIA

Ella es una mujer maravillosa. Yo sé que encontrará maneras para ayudarte así como encontró la manera para ayudarme a mí.

El Drama de Amelie

Sonidos de golpes en la puerta

AMELIE

    Alguien está golpeando la puerta. ¿Qué pasa con el timbre?

VICTORIA

    Creo que es Pedro, ha llegado temprano. Voy ver si es él.

Victoria Abre la puerta.

PEDRO

    Buenas noches. ¿Qué tal Victoria como estas?

VICTORIA

    Buena noche Pedro, entra te estamos esperando.

Pedro entra en la casa; camina como si fuera a perder su equilibrio. Amelie se para delante de él con los brazos cruzados.

Victoria murmura algo sobre preparar la cena y sale de la sala.
Pedro y Amelia quedan solos frente a frente.

AMELIA

    ¿Victoria te dijo que no quiero verte? Sólo estoy haciendo esto porque ella me pidió. Ahora dime, ¿Para qué viniste a verme?

Pedro cae pesadamente en una silla mira sus manos. Amelie se sienta en la silla que se encuentra más lejos de él.

PEDRO

Amelie, estoy tan avergonzado de lo que te hice. No tengo el coraje de mirar tus ojos.

Victoria me dijo que mi hijo se llama Andrés, pero no me quiso decirme nada más. ¿Tienes alguna foto de él?

AMELIE

Sí, tengo, pero si quieres saber cómo él es, puedes ir a verlo. Mientras estoy en Lagos, Andrés esta con mi Mamá y mi hermana Ana; mamá Sarah las ayuda.

PEDRO

Si, voy a ir a verlo.

AMELIE

Pedro, vos me infectastes! Tal vez no sabías que estabas infectado, pero lo peor es que nos abandonaste. Hiciste de mi vida una pesadilla miserable.

PEDRO

Amelie, estoy muy apenado de todo lo malo que hice Amelie. No sabía qué hacer cuando el Dr. Levin me pidió hacer un análisis de sangre. Me asusté y salí de la oficina del Doctor bruscamente; ahora comprendo que tenía que haberme quedado contigo.

Sé que hice muchas cosas malas en mi vida y lo siento por todo el dolor que causé.

AMELIE

No quiero pensar más nada que se relaciona contigo. Gracias a Dios, tengo mi problema resuelto. Estoy tratando de hacer algo de mí vida, con o sin marido.

El Drama de Amelie

PEDRO

Amelie, esta noche he venido a disculparme. Sé que yo no era un buen marido y ahora no soy un buen padre.

Amelie m
e gustaría haber hecho todo en una forma diferente, en forma correcta. Realmente fui un cobarde. Tengo vergüenza de enfrentarme contigo.

Me voy a ir ahora; He dicho lo que tengo que decir. No tengo derecho a sentarme aquí contigo.

AMELIE

Pedro deberías ir a ver a un doctor. Estoy segura que puede él te puede ayudarle.

PEDRO

No Amelie, es demasiado tarde para mí. Sé lo que tengo. Lo sé desde que hablé con el Dr. Levin hace tres años cuando estuve en el hospital. Pero tenía miedo del resultado del análisis de sangre y de enfrentar la realidad; especialmente voy y mi madre y ahora mi hijo.

AMELIE

Pero un doctor puede darte medicamentos para que al menos te sientas mejor. Tienes que ir. Además cuando vas a ir a ver a tu hijo es mejor que no tengas heridas abiertas.

PEDRO

Tal vez tienes razón. Supongo que yo debo ver al Doctor Levin. Sé que necesito ayuda. Amelie nunca merecí una mujer como tú y nunca supe apreciarlo.

77

El Drama de Amelie

Después que Pedro se fue, Amelie se quedó pensando,
después de unos instantes comenzó a llorar.

AMELIE
> Victoria, ¿dónde estás?

VICTORIA
> Espera un segundo.

AMELIE
> Por favor vení.

VICTORIA
> ¿Por qué estas llorando?

AMELIE
> Yo no amo a Pedro, pero siento pena por él. Creo que
> lo persuadí para que vaya a ver al Dr. Levin, para que
> le alivie los síntomas del SIDA. Tienes razón. Victoria
> el no vivirá mucho tiempo.
>
> Pedro nunca fue un buen hombre. ¡Si es lo último que
> hago, es educar a Andrés para que sea un hombre
> mejor que su padre es! Cumpliré mi deber de madre.
> Ese es mi sueño.
>
> Sólo espero que mi hermana encuentre un buen
> hombre y un buen trabajo; deseo que ella encuentre su
> felicidad; tiene que ser más afortunada de lo que yo he
> sido.

VICTORIA
> Hablando de los hombres de bien, hace dos semanas
> conocí a un hombre muy agradable, ya hemos salido
> un par de veces. Dijo que le gusto y quiere que
> vivamos juntos. ¿Cómo puedo hacerle saber que estoy

infectada con el VIH? Posiblemente no me volverá a ver; estoy muy sola.

AMELIE
>Victoria, tienes que ser honesta con él y contigo misma. Si realmente él tiene interés en ti, posiblemente puede tratar de ser buenos amigos.

VICTORIA
>Tienes razón, aunque creo que posiblemente no lo voy a volver a ver.

AMELIE
>Victoria, podríamos vivir juntas. Tú podrías ser la madrina de Andrés. Sé que a él le encantaría y mi también.

Victoria sonríe y abraza a Amelie.

El Drama de Amelie

DOS DIAS MÁS TARDE

Amelie abre la puerta del frente de la casa y entra en la sala de estar.
Victoria y Pedro están conversando. Pedro se levanta para saludarla pero Amelie lo ignora; camina directamente hacia donde esta Victoria.

AMELIE
Buenas tarde Victoria.

VICTORIA
Buenas tardes Amelie, me alegro de que ya estás de regreso. ¿Has visto a la Sra. Traore?

AMELIE
Sí, la vi esta tarde, después de mi clase. Creo que ella me puede ayudar. Ella...

Victoria la interrumpe y le dice,

VICTORIA
Pedro nos visitó para contarnos de su visita al Doctor.

PEDRO
El Doctor Levin me dijo que tengo el SIDA muy avanzado ahora. Hizo algunos análisis y me pidió de volver en dos días. Mira, estas son las píldoras que me dio.

Saca un frasco de su bolsillo y se lo muestra a Victoria y Amelia.

Amelie se saca su abrigo y pone la mochila en el piso.

VICTORIA

No son las mismas píldoras que yo estoy tomando.

PEDRO

Tengo que tomarlas dos veces al día para ayudarme
con mi infección de los ojos y de la boca.

AMELIE

Espero que esas píldoras te hagan sentir mejor.

VICTORIA

Amelie contame que te dijo la Sra. Traore.

AMELIE

La Sra. Traore me dijo que me va a ayudar a encontrar
un trabajo cuando termine mi curso. Por ahora voy a
trabajar limpiando las oficinas donde ella trabaja
después de las horas de trabajo.

VICTORIA

Me alegro por vos Amelie.

AMELIE

Hay más. Me dijo que después de terminen la limpieza
de la oficina, puedo usar una de las computadoras para
practicar.

Pedro se levanta para irse.

PEDRO

Amelie, me alegro por vos. Ahora tengo que irme;
quiero añadir que después de ver el médico, voy a ir a
Ado a ver a mi hijo. Quiero verlo antes de morir, es lo
menos que puedo hacer por él y por mí. También
quiero ve a mi madre.

generoso; despúes de un corto tiempo me enseñó su oficio.

SARAH

¿Quién es el Sr. Kade?

PEDRO

Él Sr. Kade es mi jefe.
Después de un año, aprendí a hacer mis propias esculturas. Durante los últimos meses he estado vendiendo mi propio trabajo en el mercado. Mamá, te traje esta máscara para vos. Espero que te guste.

SARAH

Siempre supe que tenías el potencial para hacer algo bueno de ti mismo. Estoy seguro de que Amelie estará encantada de saber de tu progreso y de lo que has hecho. Estoy orgullosa de ti.
Amelie tiene pajaritos en la cabeza, cree que va triunfar sola; en Lagos y sin marido. Realmente es una ilusa.

PEDRO

Mamá, no digas eso.

SARAH

Estoy segura que va a cambiar, cuando escuche tu progreso. Su deber es estar aquí, contigo, ahora que has vuelto.

PEDRO

Mama, vi a Amelie hace dos días en la casa de Victoria. Le expliqué mi progreso y lo que estoy haciendo.

SARAH

¿Va a volver a Ado?

PEDRO

Mamá, Amelia ha cambiado. Se ha convertido en una mujer con carácter fuerte. Nunca volveremos a estar juntos como marido y mujer, ella tiene su propia vida.

SARAH

¿Por qué no? Ahora eres una persona diferente.

PEDRO

Mamá, después de hablar con ella, finalmente encontré dentro de mí mismo el coraje de un hombre. Vine a Ado para aclarar muchas cosas de mi vida y de comportamiento con todos.

SARAH

¿Qué estás hablando? No comprendo

PEDRO

Mientras tenga tiempo quiero aclarar muchas de mi vida. Tendría que haberlo hecho hace mucho tiempo, pero fui un hombre débil, sin carácter y sin voluntad. Ahora solo quiero que todos me perdonen, especialmente Amelie.

SARAH

¿Qué significa eso? ¡No comprendo!

PEDRO

Mama, escucha con atención. Te diré algo que solo se lo dije el jefe; nunca hablé de esto con nadie. Mamá tengo SIDA. ¿Has escuchado lo que te dije?

SARAH

Sí te escuché ¿Pero qué es lo que estás hablando?

85

con Andrés. ¿Por qué no vinieron?

AMELIE

Mamá Sarah estaba en tal mal estado que mamá decidió posponer su viaje a Lagos para poderla cuidarla.

VICTORIA

¿Qué pasa con Ana, porque se quedó? Ella no tiene ninguna obligación con Sarah.

91

El Drama de Amelie

VICTORIA
Amelie, ahora te quiero más, eres una persona
maravillosa y sobre todo muy humana.

AMELIE

El Drama de Amelie

AMELIE
Sabes cómo es Ana, se quedó para ayudar a Mama.
Además ayudando a Mamá a cuidar a Sarah será una
buena experiencia para ella, ya que tiene planes de ser
una enfermera.

VICTORIA
Entiendo, tu Mamá y Ana tienen tan buenos
sentimientos.

AMELIE
¿Y tú Victoria cómo te sientes?

VICTORIA
No te preocupes por mí. Lo importante es que estás de
vuelta, y Andrés está contigo.

AMELIE
¿Te sientes bien? Estas muy pálida.

VICTORIA
No Amelie, no me siento bien, mañana voy a ir a ver
al Doctor Levin.

AMELIE
Por favor anda a ver al Doctor esta tarde, con nuestra
enfermedad no podemos darnos el lujo de demorarnos.

El Drama de Amelie

**INTERIOR – CASE DE VICTORIA - LIVING ROOM –
3 MESES MAS TARDE LATER – ANOCHER**

*Amelia, Ana y Rosa, están en la sala de estar. Ana y Rosa
están llorando.*

Amelie se inclina y abraza Ana.

AMELIE

Ana no llores más. Llorar no va a traer a Victoria de su
tumba. Espero que ahora va a poder descansar en paz;
era mi mejor amiga, y yo siempre le recordaré con
mucho cariño.

ROSA

Tenía sólo 28 años de edad. Oré mucho por ella. Tenía
la esperanza de que pudiera vencer el SIDA como lo
estaba haciendo desde hace muchos años.

ANA

Ella era una mujer noble y humana. Amelie, ella te
ayudó mucho.

AMELIE

Y seguirá ayudándonos incluso ahora que ya está
muerta. Unos días antes de que ella se internara en el
hospital fuimos a la oficina de un abogado, Victoria
legó su casa y todo su dinero a nosotros. Ahora,
nosotros tenemos un lugar donde vivir en Lagos.
Incluso podemos enviar Ana a la escuela de
enfermeras. Pedro también dejo todo el dinero que
tenía para Andrés

ROSA

Es increíble, el mes pasado, Sarah falleció y dejó su
dinero a Andrés para su educación. Creo que en su

93

último momento comprendió lo que tú estás haciendo para Andrés.

AMELIE

It was a great gesture.

ROSA

Me acordaré por el resto de mi vida de la generosidad de Sarah y Victoria por todo lo que le dieron a mi familia; especialmente lo que le dieron a Andrés.

AMELIE

¿Hablando de Andrés, Dónde está?

ANA

Ahora está durmiendo.

Amelie tengo que salir ahora; Voy a llegar tarde a mi clase de computadora.

Ana sale de la sala.

AMELIE

Mamá, voy a ir a mi habitación. Quiero ver a ver a Andrés, me gusta verlo cuando él duerme; duerme tan tranquilo.

ROSA

Anda; voy a preparar la cena.

Rosa camina hacia la cocina, habla en voz baja, como si estuviera hablado con Victoria.

ROSA

Victoria, recuerdo lo que dijiste antes de que fueras al hospital, me acuerdo todas las palabras:

"Rose, no se pongas triste, la vida continúa. Algunas personas se quedan atrás y algunos siguen hacia adelante."

El Drama de Amelie

ANA

    Gracias mi amor.

    Amelie me dijo esta noche, que piensa que sería mejor para nosotros, que tengamos muestra propia casa, Por lo menos por un año; si después de un año, queremos vivir a con ella en su casa, podemos hacerlo. ¿Qué piensas sobre eso, Bernard?

BERNARD

    Lo que Amelie dijo es muy sensato. Pero quiero mucho a Andrés. Ana tu sabes que los quiero a los dos. No tengo ningún problema de que vivamos con ellos después de un año.

ANA

    Muchas gracias mi amor, te amo. Ana lo abraza y luego apoya su cabeza
    En el hombro de su amor.

"Rose, no se pongas triste, la vida continúa. Algunas personas se quedan atrás y algunos siguen hacia adelante."

El Drama de Amelie

INTERIOR – CASA DE AMELIE – COMEDOR – CUATRO AÑOS MÁS TARDE-ANOCHECER

ANA

Amelie, invité a Bernard a cenar en nuestra casa.

AMELIE

¿Es Bernard el joven con quien estabas saliendo? Aún no me has dicho nada de él.

ANA

Bernard es un hombre muy serio y responsable. Creo que esta noche va a hablar contigo acerca de nuestra relación, hoy es un día muy especial para mí, Además es su cumpleaños; cumple 26 años

AMELIE

¿Para qué va a hablar conmigo? Yo no tengo que darte permiso; no soy tu mamá

ANA

Amelie, él va a hablar para que nos des permiso para cortejarme, porque está enamorado. Ojalá mamá estuviera aquí, pero no esta y tú tienes que darnos la bendición. Estoy muy enamorado y quiero que todo sea correcto.

AMELIE

Sí sé, hoy te graduastes como enfermera. Come me hubiera gustado que mamá estuviera a aquí. Ella siempre estaba muy orgullosa de todo lo que tú hacías.

El Drama de Amelie

HORA DE LA CENA

Ana se acaba de vestirse, se mira en el espejo y sonríe.

ANA
>¿Cómo estoy Amelie?

AMELIE
>Muy bien, la blusa de seda azulada y la pollera negra
>te quedan muy bien.

*Unos minutos más tarde, Amelie, Ana, Andrés y Bernard
están sentados alrededor de la mesa.*

*Bernardo esta vestido con un traje de color gris. Una camisa
blanca y una corbata de color azul obscuro.*

Amelie rises a glass with wine.

AMELIE
>Propongo un brindis para mi hermana, la nueva
>enfermera.
>Ana en la ceremonia de esta mañana me sentí muy
>orgullosa cuando te entregaron el diploma.

ANA
>Gracias; soy muy feliz.

Todos bebieron de sus copas.

*Amelie sirvió sus especialidades; sopa de calabaza y batata,
cuscús con camarones y puré de frutas con leche cuajada.*

El Drama de Amelie

ANA
> Bernard, el cuscús de Amelie es su especialidad, es el mejor que he comido, estoy segura de que te va a gustar.

BERNARD
> Me gustaría saber cómo lo hace, a mí me gusta preparar comidas sabrosas.

Cuando terminaron de cenar, Bernardo comento:

BERNARD
> Ana tiene razón, el cuscús tiene muy sabor muy especial.

Amelie sonrió. Se levantó de la mesa, fue al armario y saco un sabré.

AMELIE
> Ana, antes de que mamá muriera, me dio este sobre y me dijo que te lo de día de tu graduación.

Ana abre el sobre y quita una hoja de papel y un anillo. Cuando comienza a leer la carta, llora.

ANA
> ¿Me gustaría leer esta carta en voz alta, puedo?

Mira a Amelie y a Bernard

AMELIE
> Si, Ana, por favor léela.

Ana comienza a leer la carta, su vos tiembla de emoción.

"Querida Ana:
Deseaba tanto estar contigo en este
momento tan feliz de tu vida. Quiero
que sepas que me siento muy
orgullosa de ti. Desde que eras una
niña, siempre fuiste muy
responsable."

AMELIE

Mamá tenía razón, siempre fuiste muy dedicada.

ANA

¿Puedo seguir leyendo?

"Sabía que ibas a salir
adelante en la vida y sé que
va a lograr mucho éxito en el
futuro.
Espero que seguirás siendo
una buena hermana para
Amelie y una tía buena para
Andrés".

Amelie comienza a llorar. Ana la mira.

ANA

Amelie, por favor…

AMELIE

Perdóname Ana, continua

.Ana, mira a través de la tabla Bernard y se sonroja; pero
sigue leyendo.

El Drama de Amelie

"Espero que todavía estás
saliendo con Bernard. Él es
un buen hombre".

Ana hace una pausa por un instante. Mira a Bernard y sigue
leyendo.

"Si él o alguien te propone
matrimonio, el anillo que
está en el sobre fue un regalo
de mi madre, para mí
decimosexto cumpleaños;
quiero que lo uses el día de tu
boda."

Con todo mi amor, tu madre,
Rosa"

AMELIE

Mamá siempre nos puso primero. Tuvimos la suerte de
tener ese tipo de madre.

ANA

Tienes razón, además mamá tenía razón sobre
Bernard. Él es un hombre maravilloso.

Ana extiende su mano y toma la de Bernard.

AMELIE

Ana espero que encuentres un trabajo pronto.

ANA

Amelie...sobre eso tengo buenas noticias. Hoy tuve
una entrevista con el jefe de personal del Hospital de
Lagos, y me ofreció un trabajo.

AMELIE

> Ana es una gran noticia, me alegro mucho.

ANA

> Parece mentira…voy a trabajar en el mismo hospital donde Bernard trabaja como farmacéutico.

Ana se calla y mira Bernard como queriendo decir: "ahora es tu turno". Ana se levanta.

ANA

> Voy a preparar una taza de café; ¿Bernard quieres una taza de café?

BERNARD

> Si Ana, gracias

Bernard mira Ana y sonríe tímidamente y luego mira Amelie. Ana sale del comedor.

BERNARD

> Amelie, creo que usted debe saber que conozco a Ana desde hace mucho tiempo. Estoy enamorado de ella y quisiera tener su aprobación para casarme con ella.

AMELIE

> Bernard, creo que ella es quien le debe contestar. Si ella acepta, está bien para mí.

Bernard parece aliviado, sonríe.

BERNARD

> Gracias Amelie. Ana ya ha aceptado mi propuesta; Sólo queremos su bendición.

El Drama de Amelie

AMELIE

Quiero que se amen en todo momento de vuestras vidas. Tienen mi bendición.

Amelie se levanta y abraza a Bernard. Ana entra en la habitación en ese momento con una taza de café. Cuando ve a Bernard abrazando a su hermana, su cara rebosa de alegría.

ANA

Bernard, aquí está el café.

BERNARD

Gracias, Ana, recordá que tenemos que irnos pronto; de lo contrario llegaremos tarde.

AMELIE

¿A dónde van?

BERNARD

Vamos a una conferencia sobre la guerra de Biafra.

AMELIE

Pero la guerra terminó hace mucho tiempo.

BERNARD

Esa terrible guerra civil en Nigeria terminó en 1970 pero no significa que nuestros problemas se han terminado. Ana y yo estamos trabajando con una organización para tratar de conseguir una verdadera democracia en Nigeria.

AMELIE

¡Ana, Bernard, por favor tenga cuidado!

ANA

Sí Amelia siempre tendremos cuidado, pero recuerda que vivimos en tiempos diferentes. Hay mejores medios de comunicación y sabemos mejor lo que pasa en el mundo.

No volveremos antes de la medianoche. No me esperes.

Ana y Bernard salen de la sala. Amelia permanece sentada cerca de la mesa. Andrés está cerca de ella.

AMELIE

Creo que Bernard hará de Ana una esposa feliz.

ANDRES

Mamá; Tío Bernard dice tiene un balón de fútbol para mí, y que él va a ir a la escuela para verme jugar.

Amelie continúa hablando, Andrés no dice nada.

AMELIE

¿Andrés has visto? él la mira con admiración, pero al mismo tiempo con respeto Sólo espero que no se mezclen en política, la política les puede destruir sus carreras.

ANDRES

Mamá, te vi hablando con mi maestra.

AMELIE

Sí Andrés, estuve hablando con tu maestra. Me dijo que sos el niño que más trabaja en tu clase. Vení aquí mi tesoro, quiero darte un abrazo.

.

Andrés se cerca a su madre. Amelie abre sus brazos y lo abraza.

Ahora and a dormir mi tesoro.

TRES MESES MAS TARDE - ANOCHECER

Ana está sola en la sala de estar. Está hablando consigo misma

ANA

> Hace tres meses desde que Bernard me propuso matrimonio y falta un mes para casarnos. Yo lo amo, pero tengo miedo. Miedo de perder mi identidad y mi libertad después de casarme. No quiero ser una de las esposas en su vida.

> Recuerdo lo difícil que fue para Amelie cuando se casó con Pedro.

> Amelie entra en la habitación y se acerca a Ana.

AMELIE

> ¿Ana, por qué esa cara triste? Parece que algo te preocupa. ¿Te preocupa dar este paso tan importante en tu vida? Es natural que tengas preocupaciones, y algunos resquemores.

ANA

> Le dije a Bernard que quiero vivir cerca de ti y Andrés después que nos casamos. También le dije que posiblemente tengamos que aceptar la responsabilidad de cuidar de vos y Andrés en caso... tú sabes... si te enfermas. Él aceptó. Sin embargo, Amelie, él puede cambiar después.

AMELIE

> Gracias Ana. Es muy amable de tu parte que pienses así, pero...

Ana la interrumpe.

El Drama de Amelie

ANA

Una de mis compañeras de trabajo me comento:

*"Durante las primeras dos semanas
después que me casé con Peter, queríamos
estar juntos cada minuto del día. Pero
ahora quiero mi espacio, y él me niega ese
privilegio; quiere saber todo lo que yo hago
inclusive es celoso y no le gusta cuando
hablo con mis amigos".*

AMELIE

No debes juzgar a Bernard por lo que le pasa a otras
personas.

ANA

¿Tú crees que Bernard cambiará y será como Peter?

AMELIE

No, creo que Bernard. Es una persona responsable y
muy humana, creo que has tenido suerte de haber de
tener a Bernard en tu vida y él tiene suerte de tenerte a
vos; los dos forman una pareja ideal.

ANA

Tengo que hablar con él. Quiero un hombre que
comparta su vida con la mía, no uno como Pedro o
como Peter.

AMELIE

Creo que en el primer año de vuestro matrimonio,
ustedes deben tener vuestro propio lugar para vivir.
Así será más fácil ajustarse a la vida matrimonial.
Después del año, si ustedes todavía desean vivir en mi
casa, me encantaría. Andrés necesita una figura
paterna, y como tú dices, yo podría necesitar ayuda.

El Drama de Amelie

Se oye un golpe en la puerta. Ana abre la puerta y Bernard
entra en la casa, le da un beso a Ana y camina hacia donde
esta Amelie.

BERNARD

> Buenas tardes Amelie. ¿Cómo estás? Espero que
> Andrés esté por aquí; me gusta mucho ese niñito. Es
> casi como un hijo para mí.

AMELIE

> Lo siento Bernard, él está en la casa de un amigo.

Amelie sonríe a Bernard and Ana y sale de la sala. Ana se
acerca a Bernard y sostiene entre sus manos las manos de él
y le dice,

ANA

> Querido, durante varios días que he estado pensando
> acerca de nuestro matrimonio y nuestra relación. Estoy
> muy feliz.

BERNARD

> Yo también estoy feliz.

ANA

> Pero también tengo miedo de que cuando estamos
> casados, puedo perder mi independencia...

BERNARD

> Ana, mi amor, yo también pienso en nuestras vidas
> juntos. Sé que tendremos que ajustarnos porque somos
> dos personas independientes. Pero estoy seguro de que
> con nuestro amor y nuestra capacidad para
> comunicarnos libremente podemos hacer que nuestro
> matrimonio sea un verdadero matrimonio feliz.

ANA

    Gracias mi amor.
    Amelie me dijo esta noche, que piensa que sería mejor
    para nosotros, que tengamos muestra propia casa, Por
    lo menos por un año; si después de un año, queremos
    vivir a con ella en su casa, podemos hacerlo. ¿Qué
    piensas sobre eso, Bernard?

BERNARD

    Lo que Amelie dijo es muy sensato. Pero quiero
    mucho a Andrés. Ana tu sabes que los quiero a los dos.
    No tengo ningún problema de que vivamos con ellos
    después de un año.

ANA

    Muchas gracias mi amor, te amo. Ana lo abraza y
    luego apoya su cabeza
    En el hombro de su amor.

El perdón

Pecar es humano perdonar es divino.

INTERIOR - CASA DE AMELIE - 10 AÑOS MÁS TARDE - ANOCHECER

Amelie está recostada en el sofá que está enfrente de la televisión con una manta encima de ella. Ana entra en la habitación y camina hacia ella.

ANA

Amelie, te ves cansada. ¿Quieres una taza de té? ¿Tal vez un calmante?

AMELIE

Ana gracias, por favor no descuides a tus hijos para atenderme a mí.

ANA

Sarita ya tiene 9 años, ya sabe cómo cuidarse además ella cuida muy bien su hermano Barry. Amelie mi bebe está durmiendo. ¿Quieres que te traiga una taza de té?

AMELIE

Sí Ana, estoy cansada. Esta tarde fui a ver al Dr. Levin. Hizo análisis. Piensa que ahora estoy en la etapa de SIDA, pero sabrá más después de que él tenga los resultados.

El Drama de Amelie

ANA

Amelie, tengo la esperanza de que los análisis salgan bien y que no hayas desarrollado el SIDA todavía.

AMELIE

Ana, querida hermana, sabes que nunca he hablado con Andrés sobre mi infección.

ANA

Él posiblemente ya sabe que algo está mal. Puede ser que él tenga miedo de preguntar.

AMELIE

Es posible que esté preocupado porque renuncie a mi trabajo y porque estoy pasando tanto tiempo en la cama o aquí en el sofá.

ANA

Si, pienso que es el momento oportuno para decirle

AMELIE

Ana, por favor, llámalo. Es el momento para hablar contarle a Andrés de mi sueño; y también es el momento de decirle la verdad sobre su padre y de mí. Llámalo por favor; es el momento para decirle a Andrés sobre mi sueño y la verdad de mi enfermedad y la de su padre.

ANA

Tienes razón, ahora es el momento de contarle todo, él va a comprender. No puedes tener el dolor siempre dentro de ti, él tiene que saber todo.

AMELIE

¿Dónde está ahora?

ANA
> Está en su habitación

AMELIE
> Llámalo por favor

Ana sale del cuarto y camina hacia el cuarto de Andrés.

ANA
> Andrés, tu mamá quiere hablar contigo.

Andrés entra en la sala de estar y se cerca su madre.

ANDRES
> ¿Qué quieres mamá?

AMELIE
> Andrés, en primer lugar, quiero decirte que Ana
> conversó con el Superintendente de la escuela; nos
> felicitó por tus logros. También le dijo que te
> graduarás de la escuela secundaria con honores. Eso
> me hace muy feliz y orgullosa.

Amelie abraza y besa a su hijo

ANDRES
> Gracias mamá.

AMELIE
> Ahora, quiero hablar de tu padre y de mí.

ANDRES
> ¿Qué quieres decirme mamá? No me acuerdo mucho
> de papá.

El Drama de Amelie

AMELIE
> Andres desde el día que tu padre me vejo y más tarde
> enteré que estaba contaminada con VIH tuve muchos
> momentos negativos a causa de él, pero no quiero que
> tengas rencor contra él.

ANDRES ¿No entiendo mama, papa murió de
complicaciones del SIDA?

AMELIE
> Sí, es así, pero recuerda que gracias a él tuve algunas
> cosas positivas en mi vida. En primer lugar, quiero que
> no te olvides que siempre fue tu padre, y es posible
> que tan mala como es mi enfermedad, me dio la
> oportunidad a mí y a tu tía Ana para encontrar una
> nueva vida lejos de la vida en Ado; Una vida con
> mejor calidad de vida. Quiero que un día vayas a Ado
> y visites la tumba de tu padre y tus abuelas.

Amelie llora, Andrés la abraza.

ANDRES
> Mamá, entiendo, te quiero mucho.

AMELI
> Andrés, perdónalo, yo ya lo perdoné.

Andrés llora y acaricia su madre.

**EXTERIOR - CEMENTERIO DE LAGOS - TUMBA
DE AMELIE – DIEZ AÑOS MÁS TARDE –
ATARDECER**

*Andrés y su esposa Amaya están parados en frente de la
tumba de Amelie.*

ANDRES
> Mamá, hace mucho que no he hablado contigo
> perdóname, pero he estado ausente de Nigeria. Estuve
> en América. Gracias a todos ustedes he tenido dinero
> suficiente para entrar en un hospital como residente
> para la investigación del SIDA.
> También necesitaba alejarme de África por un tiempo.
> Estaba cansado de escuchar algunos africanos como el
> ex Presidente de Sudáfrica Tabo Mbeki que niega que
> VIH causa el SIDA. Sé que el motivo de negarlo es
> porque no quiere que el mundo piense que nosotros los
> africanos somos son promiscuos.

AMAYA
> Mamá Amelie, en 2007 casi 2 millones personas en la
> zona del Sahel fueron diagnosticados recientemente
> con el VIH.

> Andrés explícale acerca de tu práctica.

ANDRES
> Mamá, Amaya y yo pasamos el año pasado en un
> instituto de SIDA en Estados Unidos.

> *Amaya toca el brazo de Andrés.*

AMAYA
> Por favor Andrés explícale nuestros planes.

El Drama de Amelie

ANDRES

Ahora estamos de vuelta en Lagos; hoy vinimos a darte buenas noticias. En primer lugar, el Dr. Levin se va a retirar, y me ha pedido que tome cargo de su práctica. Voy a estar trabajando con él, en el tratamiento del VIH lo mismo que hizo él.

Mamá Ahora Amaya te dará nuestra segunda noticia.

AMAYA

Mamá Amelie siento mucho que nunca tuve la oportunidad de conocerla. De lo que Andrés, me conto, sé que usted fue una mujer ejemplar y una buena madre.

Lo que quiero decirle es que estoy embarazada, y el equipo de sondeo indica que va a ser una niña. Voy a tener que dejar de trabajar como docente en la Universidad de Lagos, pero no me importa; porque seré madre.

Andrés recoge una pequeña piedra y lo coloca en la tumba de Amelie.

ANDRES

Mamá Tu sueño me permitió ser el primer hombre de la familia Toure de graduarse de doctor.

Andrés toma la mano de Amaya

ANDRES

Mamá Amaya quiere decirte algo.

AMAYA

Vamos a llamar a nuestra hija. Amelie, en tu honor, y
nuestro sueño para ella es que sea la primera mujer en
nuestra familia en graduarse como Doctora. Sé que te
pondrá contenta. Tengo mi propio deseo que mi
pequeña Amelie sea fuiste tú. Ese es mi sueño.

Amaya pone un ramo de rosas sobre la tumba.

ANDRES

Cuando Amaya y yo volvamos al año que viene
traeremos a la tía Ana y al tío Bernard con sus tres
hijos. Ellos vuelven a Lagos después de su trabajo en
Calabar y Amaya traerá su niña. Hasta entonces
Mama... Te quiero.

Fin

Recetas de Cocina

Los platos que Amelie preparó la noche que Bernard pidió la mano de Ana son los siguientes:
Sopa de calabaza y batata
Cuscús
Postre.

Sopa de Amelie

Ingredientes

Batata (pelada)	500 gr.
Calabaza (pelada y sin semillas)	500 gr.
Puerro	200 gr.
Harina de garbanzo	50 gr.
Harina de habas	50 gr.
Zanahoria cortada (2 cm)	50 gr.
Ajo granulado	10 gr.
Caldo de gallina	2 litros
Pimienta negra al gusto	
Sal al gusto	

Método de Cocinar
1. Hervir todos los ingredientes por 1 minuto.
2. Sacar la olla del fuego y cubrirla por una hora.
3. Mezclar todo el contenido en una licuadora.
4. Hervir nuevamente el contenido en la misma olla.
5. Remover el contenido para que no se pegue en el fondo de la olla
6. Sacarla la olla de la hornalla, cubrirla y dejarla de lado.
7. Servir

Especies se pueden agregar a gusto.

Receta – Cuscús de Pollo y Camarones

Ingredientes

Pechuga de pollo	500 gramos
Camarones pelados	250 gramos
Aceite de Olivia	
Especies a gusto	
Sal	½ cucharas de te
Pimienta negra (molida)	½ cuchara de te
Curry	½ cuchara de te
Ajo granulado	1 cuchara de mesa
Pimienta granulada	
Caldo de gallina sin grasa	2 ½ tazas
Cuscús	250 gr.
Pimiento rojo	1
Hongos blancos	½ taza
Puerro	½ taza
Arveja	½ taza

Método de Cocinar
1. **Preparar y cocinar el pollo con los ingredientes**
   Cortar la pechuga del pollo y cubitos de 2cm
   Cortar el puerro en trozos de 1cm
   Cortar el pimiento en trozos de 1cm
   Cortar los hongos en rodajas
2. Freír (aproximadamente 15 minutos)
   Combinar: puerro, pimento, sal, ajo molido, arvejas y
   pimienta negra en una sartén con aceite de Olivia.
   Cocinarla a temperatura mediana
   Agregar la pechuga de pollo
   Continuar hasta que el pollo esta cocinado.
3. Cocinar el cuscús (aproximadamente 20 minutos)
   Combinar el caldo de pollo con cuscús, sal, curry.

4. Combinar el pollo con el cuscús
    Cocinar a temperatura baja
    Mezclar el cuscús con el pollo (aproximadamente 5
    minutos)
5   Agregar los camarones
    Cubrir el sartén – 10 minutos.
5. Servirlo.

Receta Postre de Amelie

Ingredientes

Manzana	1
Ananá	1
Fresas	½ taza
Azúcar	¼ taza
Leche de Almendra	½ taza
Leche cuajada con	4 tazas
Gusto de vainilla	

Método de cocinar
Preparar y cocinar los ingredientes
1. Pelar y cortar la manzana y la ananá
2. Cortar las fresas
3. Combinar los ingredientes en una olla con la leche de
    almendra
4. Hervir y revolver la mezcla (2 minuto)
5. Sacar la mezcla del fuego y cubrirla.
6. Dejarla enfriar
7. Refrigerar la mezcla
8. Servirla en platos de poste con la leche cuajada.

Mujer Africana vendiendo Ananá en la playa

El Drama de Amelie

Estimado lector,
 Si le ha gustado " El drama de Amelia", le agradecería que dejara
un comentario del libro en Amazon para que otros lectores puedan
ver sus pensamientos del libro antes de comprar el libro. Para
comentar sobre el libro, ingrese a su cuenta de Amazon y haga un
comentario.

Gracias y lo saludo atentamente

Mito Bessalel

www.ingramcontent.com/pod-product-compliance
Lightning Source LLC
Chambersburg PA
CBHW070154290526
45789CB00002B/769